Da Muchi

Le chant du pélican blanc

Da Muchi

Le chant du pélican blanc

Voix du Dernier Soupir

Éditions Muse

Imprint

Cover image: www.ingimage.com

Publisher:
Éditions Muse
is a trademark of
Dodo Books Indian Ocean Ltd., member of the OmniScriptum S.R.L Publishing group
str. A.Russo 15, of. 61, Chisinau-2068, Republic of Moldova Europe
Printed at: see last page
ISBN: 978-620-2-29995-4

Da Muchi

LE CHANT DU PELICAN BLANC

ou

Voix du Dernier Soupir

A PROPOS DE L'OUVRAGE

Le matérialisme et le libéralisme, depuis leur implantation et leur expansion, n'ont cessé de répandre leurs ravages dans notre société occidentale, à tel point que, par un nombrilisme exacerbé et une obsession hégémonique, la mondialisation politico-économique et culturelle inclut désormais une laïcisation toujours croissante des structures après celle des institutions, et des groupements avant celle des masses qui s'annonce.

Le religieux s'affadit, les sectes pullulent, la philosophie s'adapte, et les législations s'incrustent de plus en plus dans notre intimité.
En se référant à une citation (sans doute non prononcée et certainement non écrite) du ministre et écrivain André Malraux, la question qu'elle soulève demeure : « Le 21e siècle sera spirituel ou ne sera pas. »
Encore faut-il s'entendre sur le sens du mot « spirituel » !
Est spirituel ce qui découle du « pneuma » (esprit supérieur) et non ce qui a trait aux rites et préceptes religieux, est spirituel ce qui naît de l'esprit et non de l'émotivité propre aux sectes, est spirituel ce qui a pour fondement et aboutissement le Divin et non le raisonnement à la mesure de l'ego, est spirituel ce qui dépasse le concept du légalisme et non ce qui bloque l'entrée dans la vraie mystique.

Le mot est dit, mystique, et là-dessus aussi, que de trébuchements !
Ce petit ouvrage n'avait pas la prétention d'être mystique, et s'il l'est ne fût-ce qu'un peu, il l'est déjà tout entier, car le seuil d'une maison fait partie de la maison et le ciel de la terre appartient déjà à la voûte céleste.
Mystique par sa poésie, mystique par sa profondeur, mystique par son universalité, mystique par sa force intérieure de développement de l'âme qui cherche à entendre la Voix de l'Amour de Dieu, mystique enfin par ses invites à répondre à cet Appel de la juste manière pour participer, dans la Lumière véritable, à la revivification d'un monde qui se meurt.

L'âme qui est saisie par l'Esprit n'est qu'objet de la Grâce, et en faisant sienne la Langue Sacrée, elle dit tout haut ce qui lui est

dit tout bas, au grand bénéfice du lecteur qui devra s'appliquer davantage à écouter qu'à lire.
Elle l'emmène dans un vol qui est son voyage initiatique à travers 12 Etoiles qui sont 12 Forces Spirituelles du Monde Divin, dans une progression ontologique et émancipatrice qui fera d'elle une Ame-Messagère de l'Homme libéré pour aimer et servir Dieu en toute Sagesse.

Enfin, qui dit mystique n'oblige pas à l'abstrait, puisque cette humble œuvre est toute entière Spiritualité Appliquée, ce qui démontre à souhait que l'âme enivrée de Dieu puise dans ses méditations tout ce qu'il y a de plus concret pour incarner le Divin dans l'Humain et rétablir l'Humain dans le Divin.
En ce 21e siècle entamé, il est temps que l'Homo Sapiens entre de plain-pied dans la Sagesse qui n'est autre que la forme appliquée de l'Amour de Dieu.

A PROPOS DE L'AUTEUR

Da Muchi est un chercheur et ami de la vérité voué à la réflexion profonde et continue sur le sens de la vie et le rôle de l'homme, non d'un point de vue personnel mais de manière objective par l'observation des événements et des expériences extérieurs et intérieurs, à la lumière des grands Textes antiques et sacrés, et par le développement analytique et synthétique des lois qui régissent la vie intérieure de l'être.

Consacré à la vie spirituelle qu'il discerne dans une expérimentation individuelle et une pratique en autoréférence, il reconnaît et explore le Principe Spirituel ou Ame-Esprit, distinct mais lié au corps matériel, formant ensemble une même réalité existentielle, l'une étant impérissable, l'autre étant corruptible, l'une étant la seule réalité absolue, l'autre étant une réalité relative, l'une étant de même substance que l'Esprit Suprême Unique, l'autre étant sa propre cristallisation temporaire dans le monde de la matière comme l'est la Matière Eternelle dans le monde de l'Esprit Universel, l'une étant du plan des idées et des causes supérieures, l'autre étant du plan des activités humaines et des conséquences, l'une étant du domaine de l'éthique, l'autre étant du terrain des phénomènes.

Adonné à l'expression littéraire la plus exacte inspirée intérieurement de la langue originelle perdue, il adopte un langage pétri d'essence divine qui suggère les mouvements mystérieux de l'Ame humaine, sans sentimentalité ni même intellectualisme, et qui donne à la réalité relative une force vivante et transcendante vers l'Idéal le plus élevé, clé de la vie authentique à la porte de l'Unité avec le Tout.

L'expérience intérieure du Christ en tant qu'Envoyé de Dieu, mais aussi en tant que Force Divine de Vie, de Lumière et d'Amour, lui a permis de réaliser qu'il existe une vie belle et florissante dans une démarche individuelle et sincère vers la Lumière, et une réelle possibilité de se connaître soi-même, de connaître et d'aimer son prochain au-delà de toutes les barrières naturelles humaines érigées par l'esprit, la culture et la civilisation.

L'étude continue et la prière perpétuelle ont progressivement

éveillé en lui le vrai sens de l'union avec Dieu, comme si, au sein du désert intérieur qu'il s'était délimité pendant un temps défini, le Seigneur avait mot à mot prononcé des paroles de Vie et d'Amour pour qu'il tende résolument vers sa Lumière, dans un dégagement radical à l'égard des liens temporels.
Il a perçu de mois en mois que l'essence divine est tapie au fond de l'être et qu'un contact authentique avec Dieu est possible en réponse à une démarche et un état de conscience tout aussi authentiques.

Le sens du divin et la soif de vérité se sont révélés être comme les 2 piliers permanents de son temple intérieur, et avec le temps, sont devenus comme les 2 ailes de son âme tendant vaillamment à le délivrer de l'emprise des phénomènes du monde, de la matière et de la chair.
Sans sombrer dans l'illusion, il a compris que la purification intérieure est la base de toute vie spirituelle et la force latente des dons de l'Esprit ; c'est pourquoi il consenti à se dépouiller de lui-même et à ouvrir la porte de son âme pour suivre la voie de l'union divine avec le Christ par une vie empreinte de pureté et de sainte aspiration au revêtement de l'Esprit.

Après 50 ans de vie chrétienne et d'exploration au sein des différentes églises, Da Muchi n'a pu que faire un constat peu glorieux de ce qu'il a observé :

le *christianisme* est en faillite spirituelle et ne remplit plus sa mission, se dénaturant, se profanant, se corrompant, se matérialisant, se féminisant et se mourant en se complaisant dans des hérésies et schismes ;
les *dirigeants* ecclésiaux ne savent plus guider les âmes vers le salut ni leur donner la nourriture d'Esprit dont elles ont besoin pour évoluer dans la lumière et la sagesse conformément aux commandements ;
les *membres* des communautés ne se contentent plus que d'un christianisme édulcoré et superficiel, charnel et émotionnel, sans volonté de connaissance solide ni fruit de repentance et d'amour ;
les *familles* chrétiennes ne diffèrent plus des familles du monde, leur étant semblables par leur mentalité mondaine et surtout par leur absence de fidélité, de pureté, de moralité, de sainteté et d'honneur ;
le *monde* lui-même s'engouffre dans un dérèglement moral sans

frein, pervertissant tout ce que l'humanité a fait de bien et de beau au fil des siècles et répandant une propagande d'une vile déliquescence.

Ce bilan d'une demi-vie le pousse irrésistiblement à aller plus avant dans le travail intérieur afin de véritablement construire son être selon les valeurs du Christ desquelles il aspire à rayonner pleinement afin d'être utile et profitable à l'humanité et à l'Eglise, surtout endolories quant aux valeurs morales et au sens du devoir, car la perfectibilité individuelle et collective n'est ni une utopie ni une tromperie.

Dans ce sens, il défend l'idée que sans lutte ni effort, le développement du cœur et de l'esprit n'est destiné qu'à être avorté, et que bâtir ou rebâtir sa vie correctement nécessite le soutien aimable de gens aspirant au même objectif et oeuvrant ensemble pour le dépassement de soi en vue du bien de tous les êtres dans un esprit de service désintéressé.
C'est pourquoi la discipline et la persévérance lui semblent indispensables pour acquérir une conscience éveillée comme nos prédécesseurs sur cette même Voie.

Il a appris que la Vérité ne s'impose à personne de la part de qui que ce soit, mais qu'elle nous appelle sans cesse à partir à sa quête en commençant par se comprendre soi-même et en étant attentif aux rayonnements subtils qu'elle nous lance lorsqu'on ne l'enferme pas dans nos carcans mentaux, alors qu'elle est Elle-même de nature universelle.
C'est pourquoi l'étude et la méditation des Saintes Ecritures lui paraissent pour l'Eglise une source de belles révélations intérieures et de nouvelles pistes de vie.

Etre libre, à son sens, est primordial pour le progrès et l'épanouissement intérieur, et ne prend sa réelle mesure que lorsque la conscience peut se mouvoir sans la crainte d'être réprimée par des habitudes mentales qui, au lieu de procurer du bien, engendrent le malaise.
C'est pourquoi la tolérance lui paraît une clé de bien-être social que l'on ne doit jamais se lasser d'apprendre à manier en tout temps en vue de l'amitié avec tous.

Il lui semble également incontournable de briser en soi l'égoïsme, si naturel et tellement valorisé de nos jours, afin de permettre

l'émergence d'un esprit réellement altruiste et l'avènement d'une paix croissante au sein de sa famille, de son travail, de ses amis, et de toutes les sphères sociales, paix découlant d'une justice effective sans partialité.
C'est pourquoi le service est une œuvre dans laquelle il aspire à s'investir, surtout si elle sous-entend une vraie charité empreinte de miséricorde.

Enfin, il estime qu'il est bien plus enrichissant de dialoguer sur des sujets profonds que sur les futilités ordinaires, de partager ses opinions dans une ambiance sereine et libérale au lieu d'être l'objet d'agressions verbales d'esprits étroits, et de découvrir en commun des dimensions plus hautes qui élèvent l'âme, purifient l'esprit et sanctifient le corps.
C'est pourquoi il ne manque jamais de saisir les occasions de parfaire ses connaissances et de les confronter à celles d'autrui en vue de se rectifier, de progresser et d'éclairer les autres.
Au vu de tout cela, il continue à progresser en vue d'être un aide authentique du Christ pour le bien des Ames qui aspirent à Le suivre.

Suivre le Christ, c'est se réjouir de sa Nativité, mais aussi compatir à sa Passion. Ainsi, comme Lui, Da Muchi a dû éprouver dans sa chair comme dans son esprit les étapes du Chemin de la Croix, après avoir été couronné d'épines par ses plus proches amis, et même ses intimes :

1° Il a été condamné à mort dans les cœurs de ceux qu'il aimait, ce qui l'a conduit à subir la mortification intérieure et le mépris de l'esprit du monde.
2° Il a porté le poids de sa croix en étant chargé de nombreux maux, ce qui lui a appris à supporter sans murmure et à satisfaire à la justice divine.
3° Il est tombé de douleur une première fois ayant été chassé de sa maison, ce qui l'a poussé à se relever et à se fortifier.
4° Il a rencontré « la Mère » qui est venue jusqu'à lui, ce qui a renouvelé et affermi son amour.
5° Il a reçu de l'aide d'un saint homme et en a été soutenu efficacement, ce qui lui a enseigné le bienfait de l'union de souffrance.
6° On lui a essuyé le visage et on l'a assisté moralement et matériellement, ce qui a rendu sa beauté à son âme.

7° Il est tombé une deuxième fois ayant encore été chassé de sa maison avec l'aide d'étrangers, ce qui l'a forcé à ne pas perdre confiance ni se décourager.
8° Il a prononcé des paroles de consolation à des saintes gens, ce qui l'a amené à pleurer sur ses propres péchés, cause de ses propres douleurs.
9° Il est tombé de souffrance une troisième fois ayant été empêché de rentrer dans sa maison après un service divin, ce qui l'a fait parvenir au sommet du mont du Calvaire.
10° Il a été dépouillé de ses biens, ce qui l'a contraint à réprimer ses impatiences et à se dépouiller du vieil homme.
11° Il a été attaché à la croix en ayant été banni par ceux dont il espérait l'amitié et l'amour, ce qui l'a obligé à renoncer à tous les plaisirs de la terre.
12° Il est mort sur la croix quand toute relation légitime a été définitivement rompue malgré un projet de bon retour, ce qui l'a enfoncé dans le repentir et la mort pour et avec le Christ.
13° Il a été ôté de la croix en n'entendant plus que le silence de la solitude et du rejet, ce qui l'a appelé au pardon et à l'adoration.
14° Il a été mis dans un tombeau en n'ayant plus aucune possibilité de contact avec qui que ce soit, ce qui l'a introduit dans la mort intérieure où est caché le cœur nouveau.

C'est quand tout est fini que tout peut commencer…
C'est quand la mort est goûtée que la vie peut se savourer…

Dans la fin de la mort commence la vie, par un battement d'ailes qui, par leur blancheur éclatante, illuminent les ténèbres de l'abysse de l'âme et font trembler l'enceinte où elle reposait dans son avant-dernier sommeil.
Les ailes du Pélican Blanc, Maître de Vie, emportent l'âme toute abandonnée et la font sortir de son avant-dernière demeure.
Du cœur battant dudit Pélican, Seigneur de Lumière, résonne un Chant, comme la Voix d'un Dernier Soupir qui ne devra jamais finir.
C'est le Vol de l'Ame vers le Grand Esprit, Dieu d'Amour, au-delà de l'espace et du temps, dans le Champ de l'Infini où la seule Vérité est l'Etre et où la seule Religion est la Sagesse, et où d'abord 12 Etoiles l'attendent pour activer les 12 éléments de son oreille spirituelle qui lui permettra d'entendre et de comprendre les mots du Chant du Pélican Blanc afin de les proclamer.

Cet humble ouvrage est dédié à tous ceux qui ont fait du mal à Da Muchi, et aussi à ceux qui lui ont fait du bien, pour les remercier tous.
Celui qui le lira saura en lui-même s'il est de la Gauche ou de la Droite du Divin Juge qui doit venir demander compte à toutes les âmes humaines et rendre à chacune selon ses œuvres.

Si tu es de la Gauche, réveille-toi pour passer en hâte de l'autre côté !
Si tu es de la Droite, prends garde à toi de ne pas tomber de l'autre côté !
Si tu ne sais pas où tu en es, lis, lis, relis, médite pour choisir le bon côté !
Si tu te moques de ton sort, sois sûr que tu es déjà dans le mauvais côté !

LE VOL DE L'AME SUR LES AILES DU PELICAN BLANC

La mort m'a enserrée de toutes parts, elle m'a absorbée dans ses ténèbres, elle m'a enveloppée de ses frimas, elle m'a enchaînée dans son néant.
Mais là encore, ce qui me reste, l'Indestructible, tend résolument vers l'Irrésistible ; ce qui me reste, l'Infime, languit hardiment vers le Sublime ; ce qui me reste, l'Impérissable, brigue tenacement l'Immuable ; ce qui me reste, le Quêteur, guette ardemment l'Absoluteur.

A Lui, le Tout-Puissant, la gloire et la louange ; à Lui, le Bien-Audient, toute reconnaissance ; à Lui, le Clair-Voyant, toute adoration ; à Lui, le Très-Haut, le salut et la bénédiction.
Il m'a donné la Vie, Il m'a accordé de la vivre, Il a vivifié ma Vie, Il m'a rendu vivante, et dans la mort même, mon être, privé de vivre, n'a pas perdu sa Vie mais l'y a conservée et l'entend résonner comme un battement de cœur d'un vivant bruissant ses chuchotements :
« Il n'y a pas d'autre Vie que Dieu, et la mort est son prophète… »

En répétant ces mots de Vie, le bruissement de voix s'est fait bruissement d'ailes, et dans ce fond de l'abysse, une Lumière m'illumina en chassant l'obscurité, et ses ondes font trembler l'enceinte de mort qui ne peut engendrer aucune Vie tout en l'annonçant à grands cris.
Un sursaut d'énergie vitale me reposa sur ces ailes mystérieuses, et leur blancheur éclatante offrit à mes yeux mi-clos le spectacle d'un Pélican aussi majestueux que la Majesté Divine qui s'élevait et m'emportait hors du néant.

Mon sommeil de mort n'était donc que l'avant-dernier, et ma demeure de mort n'était donc que l'avant-dernière, car je comprenais que je revenais à la Vie qui ne m'avait jamais quittée, que je renaissais dans la Lumière qui ne m'avait jamais abandonnée, que je revivais d'Amour par Celui que je n'avais jamais cessé d'aimer.

Dans mon vol sur les ailes du Pélican Blanc, je voyais mon âme dans un aujourd'hui sans hier ni demain, comme une poussière qui mute en eau, comme une goutte d'eau qui change en air, comme un courant d'air qui se fait feu, comme une étincelle de feu qui devient fluide.

Dans le ciel au-delà des cieux, je n'entendais plus, mais je voyais apparaître 12 Etoiles aux champs magnétiques impérieux dont mon oreille spirituelle ne pouvait capter les sons, et j'en étais tellement atterré.
Mais le Pélican tourna son regard vers moi et m'y fit lire ce qu'Il est :
« Celui qui est avant tout et qui reste après tout, Clément et Miséricordieux, Exauceur et Bienfaiteur, Celui qui est caché en tout et qui rend tout apparent. »

Qu'aurais-je à ne pas placer ma confiance en Dieu, alors qu'Il me guide ?
J'ai donc placé ma confiance en Dieu, puisque Lui seul est l'Omniscient !

LE MURMURE DE LA 1re ETOILE :

Le Pélican Blanc me pose sur la 1re Etoile de l'activation du pavillon de l'oreille de l'âme.
Il m'y est dit qu'au cours de ma traversée du ciel des cieux je ne pourrai qu'entendre le silence des murmures d'Etoiles sans entendre leurs voix, et que ce ne sera qu'après la dernière Etoile que je pourrai entendre en écoutant, et qu'alors le Pélican me fera écouter son Chant pour le faire entendre à ceux d'en bas qui voudront bien l'écouter de ma bouche, car la Sagesse, dans sa splendeur, ne peut se faire entendre de tous, mais de ceux-là seulement qui écoutent ce que leur oreille extérieure peut entendre, car leur oreille intérieure n'est pas encore formée pour pouvoir capter les sons de l'Esprit et ne peut donc être activée.

Le 1er murmure qui active mon pavillon est celui de la patience dans la quête de l'Agrément Divin, car c'est Son bon plaisir qu'il convient de chercher et non un quelconque avantage ou une quelconque faveur ou quelque bien que ce soit. Et sans la patience, nulle récompense.
Et cette récompense n'est pas pour plaire à l'homme, mais c'est le plaisir de l'âme d'avoir fait plaisir à son Dieu, en dépit des épreuves et des injustices qu'elle a pu subir dans son exil sous les cieux de la terre, même si cet exil lui a fait sentir son joug pendant 14.600 jours, ou même 29.200 jours.
C'est pourquoi c'est dans la prière que l'on trouve le secours de la patience, car elle ne peut venir que d'en haut où Dieu, le Patient, règne en Maître du Pouvoir.

La patience est à la mesure du But, et qu'est le But sinon Dieu Lui-même ?
Ce But étant le plus grand et le plus noble qui soit, la patience doit être la plus grande et la plus noble possible, et sans l'inondation divine de Sa patience dans les plaines et vallées de l'âme, ses pas ne peuvent être affermis, sa résolution ne peut demeurer ferme et son cheminement ne peut aboutir.

Ainsi, le But est la quête même, et la quête est celle du But Unique : Dieu, l'Unique. Ce But n'est pas dans l'existence puisque Dieu, l'Unique, est l'Absolu, n'ayant besoin de rien ni de personne pour Etre ce qu'Il Est, tandis que l'âme a besoin de Lui et de ses biens pour être elle-même et finalement être unie à Lui, car on ne s'unit qu'à ce qu'on cherche et qu'on trouve, et si ce que l'on cherche est une chose ou un être de l'existence, on ne peut que trouver ce qui est en rapport avec l'Etre mais non pas l'Etre Lui-même qui restreint sans être restreint, qui est le Premier sans manquer d'être le Dernier, qui est séparé de notre esprit, Lui, le Rassembleur des âmes qui ne s'unit qu'à ceux qui Le trouvent, non dans l'existence, mais dans son Essence.

La condition de la sainte quête, avec la patience, est la pureté d'intention, et c'est dans le détachement de tout ce qui lie à l'existence qu'elle ne sera pas vaine. L'Aimant doit être cherché comme Aimé, et ce n'est qu'ainsi qu'Il attire jusqu'à Lui comme un aimant celui qui L'a aimé jusqu'au bout.
Comment passer encore son temps avec ce qui est séparé de Dieu, l'Immarcescible, et qui se complaît dans cette séparation !
Comment perdre encore son temps à consommer l'existence et à s'y consumer, jusqu'à la marcescence de son arbre d'âme !
Que si vous rencontrez un quêteur d'Amour, suivez-le et quêtez avec lui pour Le trouver en tous ceux qui L'aiment et aspirent à sa Plénitude !
Comment passer à côté de l'Amour !
Comment se perdre loin de l'Aimant !
Comment ne pas chercher l'Aimé !

La quête n'attend pas sa fin pour apaiser sa faim : à chaque pas, à chaque moment, à chaque rencontre, à chaque événement, l'âme est guidée par le Meilleur Gardien et le Parfait Connaisseur des Mystères, de l'Inconnaissable et du manifeste, qui l'éclaire, qui l'embrase et qui met en branle toutes ses puissances selon ses capacités pour qu'elle conquière et acquière.

Si ce n'est que le terrestre et le charnel qui se présentent à elle, l'âme saisira à pleines mains ce qui est cendres et poussières, elle mangera à pleines dents ce qui est chair et sang, non pour en jouir et en mourir vainement, mais pour y trouver Celui qui est le Vivant et qui donne la Vie pleinement.
Il en est ainsi de l'Amour : il n'est visible que dans l'Ordre du Seigneur, mais il demeure caché dans l'ordre du monde, si bien qu'étant en tout, Il peut se goûter partout. Mais gare à celui qui oublie un seul instant l'Aimant dans ce qu'il aime ! Ce qu'il saisit ou mange le saisira et le mangera à son tour, et quelle mauvaise fin connaîtra sa faim !

Il vaut donc mieux avant tout renoncer à tout, renoncer à soi-même et renoncer à tout désir de récompense pour ce renoncement, car sans ce renoncement universel, aucun accès auprès du Roi des cieux et de la terre ! Comment en effet graviriez-vous l'Echelle dont les échelons ne peuvent supporter davantage que le poids d'une âme ?
Et comment traverseriez-vous les 7 cieux si vous avez la moindre charge en vous, quand le poids de l'âme est déjà à la limite du supportable ?
Et comment atteindriez-vous le règne de la pureté du Saint si vous êtes vous-mêmes lestés de la moindre souillure de l'existence ?

Vous aventureriez-vous à recueillir le miel dans les ruches sans aucune protection contre les dards des abeilles ? Descendriez-vous au fond de l'océan sans un équipement approprié pour ne pas y succomber ? Traverseriez-vous un brasier ardent sans l'élément qui lui est contraire afin de ne pas être dévorés par ses flammes ?
Et vous prétendriez monter jusqu'au ciel des cieux sans vous inquiéter de l'état de votre âme et de votre conscience !

Ainsi donc : cherchez le Dieu Unique et Absolu, avec patience et pureté d'intention, dans un renoncement total, et laissez-vous guider par Lui pour ne faire que Son plaisir.
Adieu !

LE MURMURE DE LA 2e ETOILE :

Le Pélican Blanc, m'ayant repris sur ses ailes, m'emmène et me pose sur la 2e Etoile de l'activation du conduit de l'oreille de l'âme.

Là un 2e murmure me parvient, me conduisant à la compréhension de la souffrance d'aimer Dieu, car le sort de l'âme ne dépend que de Lui, et, pour Lui, l'âme doit être soumise à l'épreuve.
Qui pourrait penser s'approcher du soleil sans en subir les effets ?
Qui pourrait croire traverser un désert sans en ressentir la soif ?

L'âme victorieuse, c'est celle qui est l'alliée de Dieu, et non celle qui est liée à l'esprit du monde qui nie Dieu ; l'âme qui suit le vrai chemin de Dieu, c'est celle qui L'aime et se soumet à Lui pour l'Amour de Lui, et non pour l'amour d'elle-même et de son devenir.
Et cet Amour, n'est-ce pas comme un buisson ardent ?
Et cet Amour, n'est-il pas comme un feu dévorant ?

La Lumière n'est ni terre, ni eau, ni air, mais feu ! Et quel Feu est Dieu, Lumière sur lumière, qui guide vers Lui toute âme qui cherche sa niche pour brûler avec Lui et en Lui !
Et sa souffrance commence dès qu'elle commence à aimer l'Aimant qui l'aime, car son Amour se fait désir rongeur de se consumer d'Amour avec son Aimé, et ce désir qui l'érode ne peut trouver son apaisement que dans le Feu de l'Amour de Dieu, le Majestueux dans son Feu Glorieux, qui a répandu sur elle un Amour Affectueux afin de l'élever jusqu'à Lui.

Une telle âme ne peut concevoir la Vie sans la souffrance, car vivre sans Amour, ce n'est pas vivre, et aimer sans en souffrir, ce n'est pas l'Amour ; ainsi, la souffrance de l'Amour est la véritable Vie de l'âme qui cherche son Dieu, le Bon et le Doux.
Dans cette quête de l'Aimé, l'âme, alliée de Dieu, subit la septuple épreuve de purification pour la manifestation de ce qu'elle est.

Primo : L'âme accepte d'entreprendre « l'Adventura », son destin divin qui lui présentera tout ce qui doit lui arriver.
C'est dans cette voie qu'elle subit l'émigration spirituelle, où toutes ses pensées quittent le monde matériel et sensuel pour s'établir dans le monde de l'Esprit et de l'Immortalité, ne pensant plus qu'à son Aimé, comme aimantée d'Amour par l'Aimant.

A cela s'ajoute l'émigration physique, où tous ses proches et ses adversaires la rejettent et l'expulsent même de sa propre demeure pour la livrer à la quête de la Demeure Céleste où elle aspire, jour et nuit, trouver son refuge.
Avec cela vient l'émigration émotionnelle, où toute affection lui est enlevée et où son cœur et son visage deviennent blêmes d'affliction, ne trouvant plus aucun associé dans son cheminement autre que Dieu qu'elle n'a pourtant encore ni étreint ni baisé.

Secundo : L'âme, livrée à elle-même, devient étrangère au monde autant qu'à elle-même, et étrangère à Dieu car elle n'est encore établie ni chez Lui ni en Lui. Son Amour pour l'Aimé modèle son caractère, lui insufflant une force de feu aimantée et lui imprimant la vertu de l'Esprit qui est folie d'Amour de Dieu. Dans cette folie, l'âme disparaît à elle-même pour ne plus vivre que pour Celui qu'elle cherche et qu'elle veut, ne voulant plus rien trouver d'autre que Lui dans cette épreuve où tout lui manque, mais rien autant que Lui, prisonnière de son serment d'allégeance à Dieu, prisonnière de l'Amour.

Tertio : L'âme endure les persécutions des ennemis de Dieu, ennemis de l'Amour, mais elle renonce à sa vie à chaque combat pour demeurer sur le sentier du Bien, laissant à l'Aimant le soin de vaincre les non-aimants, laissant le mal-Aimé faire triompher son Amour dans son propre cœur.
La vie éphémère lui importe peu, puisque la Vie véritable est en Celui qu'elle aime d'un Amour qui dure toujours et qui ne connaît pas de mort.

Quarto : L'âme affronte ses craintes qui tentent de l'abattre et qui sont ses pires adversaires, et puise dans le Dominateur un courage supérieur en invoquant son Nom : Dieu Fort, Dieu Robuste, l'Omnipotent, qui répond à l'appel de l'âme qui L'invoque et qui ignore l'invocation vaine des impies.
Son hymne se forme dans son cœur et résonne à toute heure : Gloire à Toi, ô Dieu ! Louange à Dieu, Seigneur de l'Univers.

Quinto : L'âme est contrainte plus que jamais au choix conscient de ses pensées, de ses sentiments et de sa volonté pour agir conformément aux impératifs de l'Amour qu'elle poursuit. Elle apprend à surmonter toute résistance au Bien, à s'adonner au convenable et à s'abstenir du blâmable, afin de plaire en tout à Celui qu'elle aime, le Nourrisseur qui l'alimente de son Amour, le Témoin qui voit tout et entend tout, et ne pas perdre sa piste.

Sexto : L'âme désire être consciente de l'Amour de son Aimé, et ce lui est supplice de ne pas sentir ses Ondes aimantes comme elle sent les ondes malfaisantes de ceux qui n'aiment que le bas et non le Haut, l'extérieur et non l'Intérieur, le changeant et non le Permanent.
Ainsi, elle se pare de toutes sortes de vertus comme d'habits et de bijoux spirituels, commençant par donner son surplus aux démunis, puis se démunissant de tout surplus d'elle-même pour le donner à son Aimé afin qu'Il le brûle dans son Feu d'Amour et qu'il disparaisse à toujours, n'étant plus embarrassée du « moi » mais toute embrasée du « Moi », l'Utile et le Riche, qui anéantit et désintègre ce qui est faraud, futile et fugace.

Septimo : L'âme pâtit à n'en plus finir d'être seule, isolée, préservée, réservée pour son Aimé qu'elle ne voit pas encore, mais elle ne veut rien d'autre que d'être pour Lui et à Lui, et se résout à l'atmosphère de mort et de ténèbres qui s'impose en elle, comme si c'était le logis même de l'Aimant où rien ni personne n'a accès sinon elle et Lui. Elle n'existe plus, et sa non-existence lui vaut l'Essence de l'Etre ; elle ne vit plus, et sa non-vie lui vaut le Souffle de l'Etant. L'Auteur de son Amour est sa Paix, et l'Inaccessible se fait proche d'elle pour lui donner l'accès des Bien-aimés de l'Aimé-Tout-Aimant.

LE MURMURE DE LA 3e ETOILE :

Le Pélican Blanc m'emporte derechef sur ses ailes et me dépose sur la 3e Etoile de l'activation du tympan de l'oreille de l'âme.

Un 3e murmure me parvient comme une vibration secrète qui ne peut être connue que par transmission silencieuse, non pas à ceux qui sont sous le harnais de la foi mais à ceux qui s'acheminent avec Foi vers la Connaissance et la Sagesse, telles qu'elles sont en Dieu et qui sont Dieu, le Sage.
Et celui à qui est destiné ce son inconnu doit être passé par le Val d'Amour qui est arrosé par le Torrent des Larmes, et avoir marché pieds nus sur les tapis de ronces qui font couler le sang de son cœur.

Avec Amour, il peut désormais gravir la Colline du Savoir et se rapprocher du Soleil de Sagesse. En effet, celui qui a la foi est sur le bon chemin, mais il ne sait rien ou si peu ; toutefois sans la Foi, celui qui acquiert le savoir ne sait que peu et moins que rien. Celui qui a la Foi sait ce qui lui est nécessaire et est plein d'espérance ; mais celui qui a la Connaissance connaît la Sagesse, et que pourrait-il encore espérer, puisqu'il voit la Vérité, qui est Dieu et qui ne vient que de Dieu, Lui qui sait et sait tout !
Ainsi, la Foi rend juste par l'Amour, mais c'est la Connaissance qui rend parfait par la Sagesse, car la foi ne peut donner la Connaissance aux autres, tandis que la Sagesse propage le vrai Savoir et perfectionne l'Amour et la Foi.

Or, si celui qui a la Foi le sait à la démonstration de sa Foi par l'Amour - parce qu'en aimant Dieu il ne peut qu'aimer son prochain, et que s'il n'aimait pas un seul homme il nierait le Seul Dieu - celui qui a la Connaissance le sait à la manifestation de sa Connaissance par la Compréhension et la Sagesse - parce qu'en connaissant Dieu il ne peut que se connaître lui-même, et que s'il ne se connaissait pas lui-même il méconnaîtrait les autres et ignorerait qui est Dieu, le Dispensateur, et n'aurait même pas la Foi en Lui, et ne serait pas encore un Amoureux de Dieu, Lui qui est si Aimant et digne d'être l'Aimé.

Il en est ainsi de l'Amour : celui qui aime, aime davantage l'Aimé, et Celui qui est aimé se rend davantage Aimant, non en soi, car Dieu ne peut être plus Amour qu'Il n'est, mais en l'Amoureux,

pour qu'il L'aime sans limites, Lui, le Donateur sans limites. Et que donne-t-Il, sinon Lui-même, l'Infini, pour qu'on L'aime à l'infini et qu'on Le connaisse sans fin et sans mesure !
C'est pourquoi, lui aussi acquiert un saint murmure de cœur et d'âme :
Mon Seigneur, accrois ma Science !
En effet, sans la Science Divine, qui pourrait discuter de Dieu avec justesse, Lui, l'Immense, Lui, qui donne la bonne Direction ?

S'Il élève par degré ceux qui ont la Foi, combien plus ceux qui ont la Science de ce qu'Il est, pour autant qu'ils L'aiment à tel point que leur âme se consume et que leur corps même m'émacie, qu'ils Le désirent à grands cris au point de ne plus rien vouloir connaître d'autre que le Mystère des cieux et de la terre, et posséder les Clés de l'Inconnaissable et du visible.

Et voici, ô Merveille, que sans la Foi point d'Amour, et que sans l'Amour point de Connaissance, voici donc qu'avec la Connaissance vient la Foi de Lumière, et qu'avec la Foi de Lumière vient l'Amour de Sagesse.

C'est dire que l'âme devient elle-même un Feu tout-éclairant et tout-ardent, un Samson, « le petit soleil », qui est couronné de bénédictions, qui parle en énigmes, qui dompte ses ennemis par la Force Divine et qui offre sa vie en sacrifice pour le salut des âmes bien-aimées de Dieu.
Personne ne le comprend bien, mais lui comprend tout et tout le monde ;
personne ne reconnaît Dieu en lui, mais lui voit Dieu en tout et partout ;
ce qu'il fait paraît insensé, mais c'est de Dieu que la chose vient ;
ce qu'il devient semble perdu, mais c'est vers Dieu qu'il retourne.
S'il mange, boit, épouse, lutte, comme les autres hommes de son temps, son corps partage le sort des terrestres mais son esprit partage le lot des célestes.
Tout en lui est prière par la Foi, tout de lui est œuvre d'Amour, toutes ses pensées baignent dans la Connaissance, toute sa volonté reflète la Sagesse.

Il a reçu un bien immense de Celui qui modèle ses Amants qu'Il aimante et qui Lui demandent le don de Sagesse qu'Il ne peut

leur refuser, car que refuse-t-on à celui qui aime ? Et l'Aimé peut-Il refuser de se donner plus ?
Si Dieu, qui est Lumière, guide vers sa Lumière qui Il veut, ce n'est pas pour lui refuser davantage de Lumière mais pour la lui donner pleinement, afin que son âme ne soit qu'un même être avec son Esprit, et qu'ainsi unie à l'Esprit, l'âme connaisse les pensées de l'Esprit qui ne sont tournées que vers Dieu, le Producteur du Bien et du Vrai, et par cette Connaissance, passe de l'état d'Amante à celui de Fiancée, promise à une Union extatique qui la transformera dans la même Substance que Celle qui l'avait aimantée pour l'attirer à Elle et l'unir plus intimement à Elle qu'elle à son propre corps.

Ainsi, la Foi guide vers son Sujet, le Doué de Majesté, mais c'est la Connaissance qui introduit dans le Sujet, le Doué de Vénération.
C'est pourquoi, il faut laisser sortir son âme et ne pas la garder en laisse dans sa niche charnelle, car elle a une niche d'Esprit bien plus riche et plus profitable pour son bonheur, là où est la Lampe de Dieu.
L'âme, par nature, prie sans cesse, et l'homme, son porteur, l'ignore constamment parce qu'il ne se connaît pas et ne peut se comprendre.
Et presque tout ce que l'âme demande, elle ne peut l'obtenir à cause de sa laisse qui l'attache à sa niche terrestre ; que cette laisse vienne à être coupée, et l'âme, libre de sortir, peut tout obtenir, même sans prier à la manière de l'homme, car sa prière est une perpétuelle orientation vers son Créateur, et tout ce qu'elle pense lui est à portée de main, car chacune de ses pensées est une prière à Dieu qui, Lui-même, prie sur elle, et sur elle prient les Anges qui lui sont les meilleurs compagnons car ils adorent le Seigneur en pleine Lumière et n'agissent qu'avec une entière Vérité.

Ainsi donc : par la Foi, mettez en œuvre votre Amour pour acquérir la Connaissance et la Sagesse, et dans la Lumière de la Vérité, vous deviendrez libres comme des petits soleils, et puissants en Foi et en Amour.
Adieu !

LE MURMURE DE LA 4e ETOILE :

Le Pélican Blanc me reprend sur ses ailes et me fait descendre sur la 4e Etoile de l'activation du marteau de l'oreille de l'âme.

Un 4e murmure m'amplifie l'âme dans une communion si intense avec Dieu, l'Un, que le multiple et le divers disparaissent de mon horizon intérieur pour ne laisser place qu'à l'unité : unité de pensée, unité de sentiment, unité de volonté, et c'est dans cette triple unité que se trouvent cachés tous les mystères de la Vie, de la Lumière et de l'Amour.

Le 1er mystère est celui de l'origine : l'âme se voit telle qu'elle est dans Celui qui est Tel qu'Il Est et qui ne cesse jamais de l'Etre, étant l'Etre qui Est, tandis que l'âme, qui est, s'est plue, hors de Lui, à être dans son passé qui était le futur de son présent dans l'Etre ; et si elle se forge un autre être dans son futur, ce ne sera qu'un autre passé de son présent retrouvé.
Etant et demeurant en l'Etre-Un, elle porte le Nom de l'Etre : le Différent de tout ce qui Lui est semblable.
En effet, l'âme, semblable à Dieu, étant sa création, se reconnaît en Dieu tout en Le voyant Différent, car rien de ce qui Lui est semblable n'est identique à Lui, et tout en Le voyant Différent, elle voit en Lui sa similitude, d'où son nom qui lui est propre : la Différente de Celui à qui elle ressemble.
Et elle comprend que sa vie ne lui appartient pas, que sa vie ne vient même pas d'elle-même, mais de Lui, la Source des êtres vivant de sa Vie.
La goutte de vie qui a jailli dans la matrice de vie en une fraction de temps n'était qu'une larme d'amour pour façonner son corps-réceptable, tandis que ce que l'âme voit là où elle contemple la Source originelle est la Fontaine Génératrice de la Vie de l'Univers dont Dieu est à la fois le Père et la Mère.

Le 2e mystère est celui de la gloire : l'âme voit l'éclat divin dans tout ce qui existe, et, étant et existant à la fois, elle a part à cette gloire, étant aussi radieuse que le Soleil et aussi éclatante que la Lune.
Elle n'est pas la Lumière, mais la Lumière sur sa lumière la rend Lumière dans la Lumière, et la gloire de Celui qui en est le seul digne lui est son partage autant qu'elle demeure en Lui quand Lui est sur elle, Lui, qui répand ses bienfaits sur le monde et qui la

rend, avec Lui et par Lui, dispensatrice des bienfaits de Dieu dans sa Lumière.
Que s'il demeurait en elle quoi que ce soit qui ne soit ni âme ni esprit, elle perdrait son éclat et ne diffuserait que de l'ombre, l'ombre d'elle-même, l'ombre de l'existence hors de l'Etant, car aucune ombre ne peut venir de l'Etre qui n'est que Pure Lumière, étant Pur Esprit.
Et c'est dans cette Lumière glorieuse que se trouvent les multiples rayons de la Sagesse délicieuse aux âmes qui adorent le Pur et sa Pureté, car ceux qui ne sont pas faits de Cristal ne peuvent être apparentés à l'Astre de grand éclat, ni être assimilés à l'Huile sacrée qui éclaire par elle-même, ni être des canaux de Sagesse dont la gloire vient de la Lumière Divine.
Or, le Cristal est parfait, et qui est plus Parfait que Dieu en qui la Perfection est le vêtement de l'âme qui L'aime en toute pureté pour sa Sagesse !

Le 3e mystère est celui de l'adoration : l'âme qui n'a cessé d'aimer l'Aimant et de Lui complaire se voit Aimée d'un Amour dont elle n'en possédait, en définitive, qu'une fraction, tant l'Amour de Dieu est plus grand que tout l'amour du monde, Lui qui est le Plus Grand, le Très-Grand.
Elle, qui languissait d'Amour et qui soupirait après son Aimé pendant son parcours de sécheresse, la voici immergée dans une Onde Divine d'Amour où foisonnent des Forces Aimantes incommensurables et qui déferle sur elle avec une Puissance Amoureuse sémillante de tendresse et de douceur, qui la contraint très affectueusement à se ployer devant Elle et à s'étendre sous Elle pour succomber à l'Etreinte Divine et pour adorer son Amant, le Souverain et le Très-Reconnaissant.
En effet, l'Amour ne se fait-il pas cadeau quand il s'offre autant qu'on l'a désiré, et même davantage qu'on l'a espéré ?
Dieu Lui-même se fait cadeau à l'âme qui L'a aimé d'un Amour d'amant éperdument amoureux d'un Dieu au-delà de toute conception humaine.
Et la Fiancée devient Epouse…
Epouse d'un Dieu… Epouse de Dieu… Epouse Divine…

Comprenez la destinée de l'âme !
Saisissez le dessein de Dieu !
Lui qui est tout ce qui peut se nommer et qui est tout autre que ce que l'on nomme et que ce qu'on ignore tout en l'imaginant sans

pouvoir le nommer,
Il n'a qu'une seule pensée : vivre dans l'âme ;
Il n'a qu'un seul sentiment : éclairer l'âme ;
Il n'a qu'une seule volonté : aimer l'âme et être aimé d'elle.

Discernez le secret de l'Unité !
Pénétrez dans le mystère de l'Unité !
Tout ce à quoi l'âme aspire et qu'elle tente de reproduire en tout ce qu'elle fait, sans que cela ne soit jamais la réalisation de ses multiples espérances,
c'est l'Unité dans une Vie émanée de la Source Divine ;
c'est l'Unité dans une Lumière réfléchie par la Pureté et la Sagesse ;
c'est l'Unité dans un Amour offert et reçu avec affection à foison.

Beaucoup se demandent ce qu'est Dieu, qui est Dieu ?
Recevez ce chuchotement divin véridique et incontestable :
Dieu est le Simple, le Singulier du Présent…
Dieu est le Simple…
Dieu est le Singulier du Présent…

Peu se demandent ce qu'est l'âme, ce qu'ils sont !
C'est qu'ils étouffent le susurrement indubitable de leur âme :
l'âme est ce qui est simple, ce qui est singulier au présent…
l'âme est ce qui est simple…
l'âme est ce qui est singulier au présent…

A quoi bon les monceaux de mots et les amas de signes, si c'est pour se dissocier du Singulier qui mène le simple dans le Présent Simple !
Adieu !

LE MURMURE DE LA 5e ETOILE :

Le Pélican Blanc me replace sur ses ailes et aborde la 5e Etoile de l'activation de l'enclume de l'oreille de l'âme.

Un 5e murmure amplifie davantage mon âme par l'exultation qu'elle éprouve et qui diffère tellement de celles que le monde des hommes produit.
Ici et maintenant, c'est un avant-goût des consolations divines réservées aux âmes qui auront suivi le sentier de l'Amour, qui exhaleront les belles vertus, qui auront respecté leurs vœux au Seigneur, le Vigilant, et qui porteront les fruits de leurs bonnes œuvres.
Ces prémices spirituelles se font sentir à mon âme et la font entrer dans une joie intense et indépendante des sens corporels.
Ce n'est pas la béatitude ultime des élus, mais plutôt un ravissement d'âme qui la transporte dans un délice indicible où tout ce qu'elle a souffert patiemment et amoureusement, dans la connaissance et la communion avec Celui qui est digne de toute louange, disparaît instantanément pour laisser place à une jouissance réparatrice comme si elle était flottante sur un Baume d'Esprit qui se serait fait Bain Divin qui soigne, apaise et guérit toute trace de chagrin, de peine et de douleur, tout stigmate de souffrance, de torture et de meurtrissure, tout reste de fatigue, de sueur et de larme.

Mon âme comprend très clairement qu'il y a une rétribution réservée à toutes les créatures de Dieu, qui dresse les comptes de chacun, et que personne ne sera privé du salaire de sa vie, soit en bien, soit en mal, car Dieu connaît les comptes de tous et sera le juste Juge au terme fixé pour le Jour de la Décision finale.
L'âme voit de loin l'éclat du Jour de la Rétribution et la gloire de Celui qui est informé de tout depuis toujours, jusque dans les moindres détails de ce qui est manifeste ou caché, de ce qui est présent ou du passé lointain ; rien n'échappera à son jugement car Il est l'Infaillible Observateur.

Celui qui est contaminé par le Méchant et infecté par le Mal a de quoi craindre pour lui-même à chaque aujourd'hui qui lui est donné, jusqu'au dernier aujourd'hui qu'il ignorera, mais celui qui a cherché et trouvé son refuge auprès du Seigneur, le Protecteur des âmes pieuses et fidèles, contre le Mauvais en lui et autour de lui, verra sa confiance récompensée, et exultera dans son esprit comme jamais il n'aura exulté dans sa chair, car la jouissance de la vie éphémère est une affliction et un déchirement de l'âme, mais la jouissance de la Vie qui demeure est éminemment supérieure car elle culmine en Dieu qui satisfait et contente l'âme qui L'aime, selon ses mérites et même au-delà de toutes ses espérances, car Il est le Généreux comme personne ne peut l'être à part Lui.

C'est pourquoi l'âme aime l'Aimant même dans son Jugement, car que peut-elle redouter de Celui à qui elle a voué son Amour et qui est devenue Amante, Fiancée et Epouse de Celui qui est son unique Sauvegarde, qui la sauve de la perdition et la garde de la tentation !

L'Amour n'a rien de triste ni de tragique, mais il possède toutes les promesses de la joie véritable et profonde, durable et féconde, et sa suprême promesse est la contemplation de la Beauté du Bien-Aimé.
Et quelle contemplation !...

L'âme, qui n'aura jamais manqué de se laver le visage avant de se présenter devant son Aimé pour Le prier et L'adorer, pourra le tourner vers le Visage qui ne peut se voir et voir la Face qui n'a pas un visage d'homme.
En ce jour, cette âme aura le visage qui s'éclairera car il n'y aura plus de masque qui le recouvrira pour tromper autrui et penser tromper Dieu, et elle comprendra pourquoi on ne peut reproduire une image de Celui qui trône au plus haut des cieux, car sa Figure est sans visage et sa Face est sans image.

Et elle posera son front aux pieds de Celui qui fait entrer dans le néant où personne ne veut Le chercher parce qu'on n'en revient jamais par soi-même, et qui fait revenir à la Vie où personne ne peut entrer sans qu'Il ouvre la Porte Lui-même.
Et après le silence du néant dans le secret de la terre viendra l'épanchement du vivant dans le mystère du ciel, un épanchement de louange dans une joie qui comblera l'âme dans la même mesure qu'elle comblera Dieu, et Dieu étant sans mesure comblera l'âme d'une joie sans mesure, à la mesure sans mesure de Dieu.

L'Aimant sera reconnu alors même qu'Il n'a jamais été vu par son aimée, parce que son cœur saura que l'Amour ne trompe ni n'égare jamais celle qui aime, et que l'Amour ne peut aboutir ailleurs qu'à sa propre fin, cette fin étant sans fin puisque, étant sans commencement, elle ne peut finir, l'Amour étant lui-même sans fin même s'il a eu un commencement, car avant d'aimer Dieu, qu'aimait l'âme, Lui qui est la fin de l'Amour, de l'âme et de tout ?

Toutes les fois où l'âme a aimé autre chose que Dieu Seul, elle n'a pas aimé et n'a pas connu l'Amour, elle n'aime pas et ne peut chanter l'Amour à Celui qui l'aime. L'Amour, en effet, est la plus belle mélodie de l'Univers, car c'est de l'Amour que tout est venu et c'est à l'Amour que tout doit retourner puisque c'est par l'Amour que tout est maintenu.

C'est pourquoi dans l'exaltation de l'âme, il y a non seulement la joie du ravissement mais aussi la mélodie de la louange, et c'est tout un.
Il n'est personne qui, dans sa joie, ne sente son cœur porté par une mélodie de bonheur, et il n'est personne qui, en présence de l'Etre Aimé, ne demeure triste et silencieux.

Ainsi donc : soyez très vigilants sur vous-mêmes de manière à entrer dans la mélodie de l'Amour et à vivre de sa joie pour devenir vous-mêmes des notes de musique divine qui ne servent qu'à louanger Dieu et à Le rendre désirable et délicieux à toutes les âmes qui vous entourent et qui aspirent, avec vous, à être consolées de leurs maux dans la chair et à contempler le plus Beau des Amants qui puisse jamais se trouver.
Adieu !

LE MURMURE DE LA 6e ETOILE :

Le Pélican Blanc m'enlève puis s'arrête sur la 6e Etoile de l'activation de l'étrier de l'oreille de l'âme.

Un 6e murmure exhausse mon âme dans une flambée d'admiration en voyant sans les yeux charnels une telle grandeur céleste, en entendant sans les oreilles de chair une telle harmonie angélique, en goûtant sans la langue charnue une telle onctuosité divine.
Elle est absorbée dans un firmament mirifique, elle est engloutie dans un océan de merveilles, elle est engouffrée dans un abîme magnifique.

Tout ce qui se présente à elle lui paraît inégalable et elle est étourdie par tant de Beauté, car ce qui est réputé fortune sur terre n'est en réalité que pauvreté, ce qui est considéré munificence chez les hommes n'est en réalité qu'avarice, ce qui est dit somptueux dans le monde de la matière n'est en réalité que médiocrité.

C'est pourquoi à l'exultation succède l'admiration, où l'âme ne peut plus détourner son regard de son Amant, où elle ne peut même plus ouvrir la bouche pour lui dire son Amour, où elle ne peut qu'à peine se tenir courbée, inclinée, prosternée, tant elle est subjuguée par la surprise et écrasée par l'étonnement qui lui arrachent des soupirs pleins d'ébahissement.

En elle, Dieu se révèle le Prépondérant, sans qu'Il lui dise quoi que ce soit, sans qu'Il lui fasse ou montre rien.
Elle L'admire en tant qu'Il est Celui qui abaisse quiconque se gonfle de lui-même, et Celui qui élève quiconque se vide de lui-même, et elle reconnaît que rien ni personne n'a de valeur en dehors de Dieu, si petit que ce soit, car il n'y a qu'un seul vrai Trésor dans tout l'Univers : Dieu, le Prodigieux.
Et ce Trésor se fait Perle dans Celui qu'Il humilie avant d'être Celui qui le rend puissant en devenant le Joyau de sa couronne d'âme.

Beaucoup de dévots pensent que le monde d'en bas deviendra leur futur paradis que Dieu renouvellera. Comme ils se trompent !

Il existe déjà un Monde nouveau très antique, un Ciel neuf qui vient des origines et une Terre bien née qui n'a pas besoin d'être rénovée, remplis de choses inexprimables et d'êtres inimaginables dont la Beauté est sans proportion avec ce qui est connu de l'homme ici-bas.
Le monde du multiple est dérisoire vis-à-vis du Monde raffiné de l'Unité, le ciel étoilé est insignifiant face au Ciel ensoleillé de la Sagesse Eternelle, et la terre si sensationnelle est anodine comparée à la Terre des Elus.

Quand l'âme est dans cet état, elle est réceptive à toutes les vérités qui clament la Vérité, elle est accessible à toutes les connaissances qui déclament la Sagesse, elle est perméable à toutes les perfections qui acclament le Parfait, elle est assimilable à toutes les forces qui proclament le Puissant.

Son état est celui de l'émerveillement dans l'admiration qui lui est donnée, car même l'admiration qui est sienne n'est pas d'elle-même mais don de Dieu.
Et quel émerveillement !

L'âme admire ce qu'elle ne connaissait pas et qu'elle ne comprend pas, mais son intelligence est assouvie et sa raison est ravie.
La sainteté n'est plus pour elle un sentier labyrinthique, mais une voie droite et dégagée où elle découle de ce qu'elle admire et dont l'émerveillement continu la garde sainte en présence de Celui qui n'est absent de rien, qui nuit au pécheur, mais au repentant se montre Pardonneur.

Comment une âme pourrait-elle encore pécher après avoir atteint ce degré ?
Et pourtant...

Celle qui connaît l'arcane du mouvement des forces de la dualité sait qu'elle peut être contrainte sans être inclinée au mal, mais n'abuse pas, car elle discerne finalement que l'âme qui commet un péché pèche contre elle-même.
Celle qui sait ce qu'elle est sait ce qu'elle peut et sait que ce qu'elle ne veut pas est plus fort qu'elle quand elle ne se tient plus aux pieds de son Maître Protecteur, ne fût-ce qu'à peine une minute de l'horloge de notre temps.

Mais Dieu aime l'âme et, tout en étant Celui qui donne la mort, Il se montre Accueillant au repentir, non pour une heure mais pour la durée des temps, car Il sait de quoi l'âme est faite et Il est Indulgent.

Cependant, l'âme qui demeure dans l'admiration et qui conserve son émerveillement se tisse une nouvelle nature avec le Fil de la Nature Divine, qui lui est comme un vêtement nouveau, fait de Satin de Vie, dont la couleur est semblable à celle de la Lumière et l'odeur à celui de l'Amour.
Ainsi vêtue, qu'irait-elle encore faire dans le bourbier des turpitudes dans lequel hommes et femmes se vautrent comme des pourceaux qui prennent l'illusoire pour la réalité et qui ne savent plus qu'ils s'excluent eux-mêmes de la gloire du Monarque de l'Univers dont le Trône est plus sublime que toutes les étoiles réunies et plus purifié que ce qui se fond dans le soleil ?

Au contraire, l'âme vit chaque jour comme étant le dernier, recevant le bien comme étant un glaneur dans le champ de son émerveillement et acceptant le mal comme étant un flâneur dans le champ de son admiration.
Sa condition de juste lui est plus précieuse que la vie même, c'est pourquoi elle agit en tout avec bonté et justice, faisant honneur à Celui qui est Bienveillant et Juste, qu'elle aime jusque dans les fibres d'elle-même où Il se cache par Amour pour être toujours cherché et encore aimé.

Lorsqu'elle est dans l'endormissement, elle veille pour son Aimant qui la couvre ; lorsqu'elle est dans le travail, elle œuvre pour son Aimé qui la bénit ; lorsqu'elle est dans l'euphorie, elle se réjouit avec son Amant qui la comble.

Ainsi donc : admirez le Seigneur dans son Royaume qui est dans votre âme, et prenez soin de l'émerveillement qu'Il suscite en vous pour vous sanctifier.
Adieu !

LE MURMURE DE LA 7e ETOILE :

Le Pélican Blanc m'ayant remis sur ses ailes reprend son vol pour s'arrêter sur la 7e Etoile de l'activation de la fenêtre de l'oreille de l'âme.

Un 7e murmure me presse pour une transformation plus en profondeur de mon âme, comme si je chutais à l'intérieur de moi-même après avoir connu et communié au Divin, après avoir été élevé par l'exultation et dans l'admiration, pour en définitive m'offrir en immolation totale à Dieu, Cause Absolue de toute nouveauté sans précédent.

En effet, ce qui est nouveau en Dieu n'a pas d'autre modèle que Lui-même, l'Eternel Nouveau, et Lui-même, en tant qu'Etre Nouveau, n'est Nouveau par rapport à rien ni personne, mais parce que rien n'existait avant Lui et que personne ne subsiste à part Lui ; rien ne Lui est pareil et personne ne Lui est comparable, en sorte qu'Il est le Nouveau Pérennel.
C'est pourquoi, l'âme en Dieu, pour être vraiment nouvelle, ne peut garder en elle le modèle de ce qu'elle était avant d'être toute en Dieu ; ce qu'elle était avant d'être en Dieu doit disparaître, et ce qu'elle est en Dieu ne peut lui être comparée, en sorte que ce ne soit que Dieu qui soit en elle pour n'être plus qu'elle, et elle, Lui, non pas Lui en tant que Lui, mais Lui de par Lui.

Voici un Mystère au sein du Mystère :
En tant que Vengeur, Dieu n'élève à Lui aucun homme avant qu'il ne soit anéanti par le désir de la justice, du pardon et de l'Amour.
En tant qu'Equitable, Dieu accorde un degré d'élévation vers Lui à l'homme anéanti qui pratique le bien, exerce la miséricorde et s'applique à Aimer.
En tant que Directeur Droit, Dieu ne permet l'élévation parfaite qu'à l'homme anéanti par son propre exhaussement dans la communion, l'exaltation et l'admiration de son Bien-Aimé.

Voici les Grâces qui ne paraissent pas l'être :
Le joug patient de l'exil de l'âme, le détachement de tout ce qui lie à l'existence, le renoncement à tout et à soi-même ; la souffrance d'aimer, le rejet des proches, la privation d'affection, les persécutions d'ennemis, l'isolement pour la cause de Dieu.

Voici les Grâces qui paraissent acquises :
L'acheminement de l'âme vers la Connaissance, l'acquisition de la Sagesse, la vision de la Vérité, le perfectionnement de l'Amour et de la Foi, l'enflammement de l'âme, la libération de l'âme ; l'unification de l'âme, l'adoration de Dieu, l'étreinte divine.

Voici les Grâces que beaucoup aiment :
La consolation de l'âme, la joie exultante, la contemplation de Dieu, l'illumination de l'âme, la louange à Dieu ; l'étonnement de l'âme, la docilité de l'âme, l'émerveillement de l'âme, la sanctification de l'âme.

Voici la Grâce que peu aiment :
Le sacrifice et l'offrande de soi à Dieu après l'élévation et l'adoration en Dieu.

Rien ne lui eût été possible si l'âme n'avait consenti à se dépouiller d'elle-même, vêtement après vêtement, pour être la plus dénudée possible au regard de son Amant, et, ô Mystère Possible de l'Impossible, se faire désirer et aimer, en haillons de peau terrestre et en oripeau d'étoffe céleste.

Quelle valeur peut avoir l'Amour s'il ne naît pas d'un Feu Vivant et Inextinguible, et s'il ne renaît pas des cendres de la mort d'un cœur miscible au Feu qui l'a dévoré et consumé ?
Personne ne veut mourir, peu veulent bien s'offrir, qui voudra s'immoler ?
Tous veulent vivre, beaucoup ne veulent que jouir, qui voudra se sacrifier ?

Tu veux bien apprendre la patience dans la souffrance pour obtenir la connaissance, tu voudrais ne pas perdre la communion d'esprit où tu goûtes les délices de la joie et de l'admiration, mais voudras-tu payer ton dû pour l'émigration ultime qui établit l'âme dans le Pays d'où l'on ne sort plus, la Demeure du Bon Retour, le Haut Lieu de Celui qui est l'Héritage de l'âme ?

Ne sais-tu donc pas que Dieu a déjà acheté ton corps, ton âme et ton esprit, et même tout ce que tu possèdes, en échange de ta Félicité dans le Céleste Séjour ? Penses-tu pouvoir y entrer sans t'acquitter de la totalité de ta dette ?

On ne paie pas à Dieu une partie de ce qu'on Lui doit, surtout pour une finalité à la mesure de l'Eternité, car Il est l'Arbitre qui départage les âmes et le Défenseur de celles qui savent que leur destin est en Lui.

Quelle est la plus grande valeur à tes yeux ?
La Vie dans le Jardin des Délices Inépuisables ou ta vie dans l'enclos des divertissements temporels qui n'aboutissent qu'à la mort sans relèvement ?
Si c'est ta vie, tu confesses que le Magistral Suzerain est moindre que toi, et que tout ce qui Lui appartient est inutile et frivole.
Si c'est la Vie, considère combien la contrepartie est mince et mineure, et qu'elle n'est estimée qu'à ce qui est périssable en toi.

Comment t'acquitter de l'échange ?
Aime Dieu dans la pauvreté de toi-même, et aime la pauvreté intérieure pour Dieu ; souviens-toi de Dieu dans tout ce que tu fais, et laisse Dieu faire tout ce que tu fais ; soumets-toi à Dieu en tout ce qu'Il veut, et recherche les soumis de Dieu pour amis ; oublie-toi en présence de Dieu, et qu'il ne reste en toi que Dieu qui n'oublie rien ; disparais à toi-même en vue de Dieu, et que tout disparaisse pour toi sauf Dieu ; meurs à ce que tu es pour toi, et Dieu sera ce que tu es pour Lui.

Ainsi donc :
Sans épreuves sur terre, pas d'accès au Ciel.
Sans luttes dans la chair, pas de succès dans l'Esprit.
Sans mort dans l'âme pour Dieu, pas de Vie de Dieu en Dieu.
Adieu !

LE MURMURE DE LA 8e ETOILE :

Le Pélican Blanc déploie ses ailes jusqu'à la 8e Etoile de l'activation du vestibule de l'oreille de l'âme.

Un 8e murmure me permet de reprendre un certain équilibre après l'étourdissement causé par celui de l'Etoile précédente, en me donnant une vision clarifiée de ce que j'entends sans entendre dans le silence de mon écoute.

Chaque Etoile a son mystère, chaque Mystère a son secret, et chaque Secret plonge mon âme dans l'ivresse de la neuve et antique Langue Sibylline qui se reconnaît au Sacré qui polit le cœur de l'âme pour qu'il réfléchisse la Lumière de la Sagesse de Celui qui est l'Insondable.

Le monde créé ne pourrait jamais engendrer un tel Art, car il n'est aucun homme, du purotin au souverain, qui puisse être le Héraut de la Science Divine si son âme porte encore le signe de la terre. Quant à celui qui acquiert le privilège d'annoncer les messages du Monde Divin, il se reconnaît à ce qu'il porte le signe du Ciel : la Dalmatique de justice qui couvre l'Aube d'innocence de son âme détachée de tout amour terrestre et libérée de toute entrave charnelle.

Bien qu'il soit un errant dans son pèlerinage, il est indéfectiblement attaché à son Seigneur partout où il va, et là où il est, Dieu est.
L'intime du Dieu qui est Présent l'est parce qu'il a fait du néant son présent, ayant appris cette Vérité mal-aimée que là où le moi est, Dieu n'est pas.
Car là où est le moi, il y a conflit pour moi, et là où est le conflit, Dieu fuit.
Le familier de Dieu n'a qu'une prière dans son cœur :
Que mon moi meurt !
Car là où est la mort du moi, il y a la Vie du Soi, et quel Soi est le Roi !
Le Roi en Soi, c'est le règne de la paix et de la joie, parce que l'âme n'est plus en lutte avec les forces d'en bas et qu'elle n'a plus le goût des forces d'en haut : tout son bonheur est dans son Seigneur, qui n'est ni d'en bas ni en haut, mais dans la Plus Haute Altitude où Dieu est Plénitude.

Ainsi, le présent permanent est le lieu le plus propice pour l'âme dans son processus transcendant : le moi ne s'y complaît jamais car il dévore sans fin le futur qui vient et se lamente souvent du passé qui s'est éloigné.
Or, si Dieu Est, Il n'est qu'ici et maintenant, et ce qu'Il est dans l'avenir, c'est ce qu'Il est dans ce qui s'est évanoui, tandis que le moi aime le changement, et dans ce changement continu il demeure dépourvu : privé de l'Ici de Dieu et sans le Maintenant Divin.
Cependant que de l'âme sont éconduites les pensées d'un moi oscillant constamment provoquant des étourdissements plus funestes que ceux de la Pensée du Soi régnant, le cœur se dérouille, se lisse, se lustre dans une égalité de sentiment qui équilibre le penser dans la même égalité.
Dès lors, l'application à l'unification du cœur est la première œuvre, et l'application à l'extinction des désirs est la seconde qui lui est semblable.

Avant de continuer ton parcours, assure-toi bien d'aimer ton Aimant au-delà de l'Amour, car l'Amour n'a jamais d'horizon. L'horizon que tu crois voir n'est pas le lieu où l'Amant et l'Aimé se joignent dans le Lit du Ciel, mais c'est le lointain du Champ des Amoureux Eternels où n'a accès que ce qui est tissé d'Or de Lumière, de l'intérieur à l'extérieur de l'Intérieur.
Que si quelqu'un s'aventurait dans le Milieu du Tout, il ne resterait de lui rien qui soit, car personne ne peut pénétrer l'Impénétrable s'il fait encore partie de ceux qui n'en sont pas pénétrés.

Il est encore temps de faire demi-tour si c'est par curiosité que tu veux continuer d'avancer, pour ne pas te perdre en toi-même, car le curieux n'a de souci que pour lui-même et non pour la valeur de ce qu'il cherche.
Si déjà à la moitié de ton itinéraire mystique tu te sens étourdi par ce qui ne t'est pas dit mais que tu entends sans même l'entendre, que sera-ce si tu persistes dans une voie où la Voix du Silence fait éclater comme du verre l'âme impropre à l'Union avec le Son Originel ?

Sonde bien ton Amour ici et maintenant, car l'Ici et le Maintenant de Dieu sont dans l'Amour le plus Pur, et si ce n'est pas le Pur

Amour qui te meut, retourne vite dans ce qui n'a de cesse de te faire balancer entre le passé et le futur qui te privent du présent, entre le présent du passé et le présent du futur qui ne sont jamais dans le présent, entre le présent qui passe et le futur qui passera sans que tu sois jamais dans le présent ni dans l'Amour.

L'Amour n'est pas conditionné par ce qui lui est étranger, bien qu'il soit étranger à tout ce qui est connu.
L'Amour n'est pas préservé par ce qui est impureté, bien que l'impureté soit le témoin que l'Amour absent.
L'Amour n'est pas subordonné à des règles, bien que les règles soient les canaux de navigation vers l'Amour.
L'Amour n'est pas enchaîné à des cérémonials, bien que les cérémonials soient des formes que prend l'Amour.

Si tu es devenu un étranger parce que tu aimes l'Invisible, tu es son Amant.
Si tu es vu comme un impur parce que tu honores la Vie, tu es son Aimé.
Si tu es désavoué parce que tes règles t'auréolent de Lumière, tu es Amour.
Si tu es exclu parce que tes cérémonials sont voilés, tu es Ami de Dieu.

Ainsi donc : tu te rapprocheras de la Sphère Divine pourvu que tu te rendes étranger au monde où son règne prend fin, tu feras face à la pureté de l'Orbe Céleste à mesure que tu tournes le dos aux ravins de la corruption, tu participeras au nouvel Ordre Cosmique si tu te règles avec ceux qui sont du nombre des vertueux, tu goûteras l'Essence Ineffable si le rappel du Seigneur ne te trouve pas oublieux mais vigoureux dans des formes vivifiées.
L'Amour ne peut rester sans réponse, et la meilleure réponse à donner à l'Amour, c'est l'Amour d'un cœur qui aime sans réticence et sans partage.
Adieu !

LE MURMURE DE LA 9e ETOILE :

Le Pélican Blanc ne fait rien pour me reprendre sur ses ailes comme les autres fois, mais reste planté là, devant moi, en me fixant.
Je comprends dans son regard qu'il attend ma réponse quant à l'interpellation de l'Etoile, quant à la réelle qualité de mon Amour qui me poussera à continuer le voyage ou à retourner en arrière et abandonner.

Son long cou se ploie précautionneusement jusqu'à ce que ses yeux soient à hauteur des miens, comme pour y faire pénétrer l'interrogation de son cœur, et de la dilatation de ses pupilles fusaient des rayons de Lumière qui fascinaient mes prunelles et dans lesquels je pouvais lire cet appel, comme des lettres rouges palpitantes de Vie :
« Sur toi se répand mon Amour pour t'élever sous mon Œil.
Celui qui recherche mon Agrément, c'est celui qui se sacrifie. »

Avec hardiesse et assurance, je bondis, m'agrippe à son cou qui se redresse et me bascule sur son dos aux ailes déjà déployées pour voler vers la 9e Etoile de l'activation de la cochlée de l'oreille de l'âme.

Arrivés là, un 9e murmure me parvient comme un signal que je puis interpréter mieux qu'auparavant et qui me communique de la vigueur.
La mort m'avait assailli de toutes parts, et je m'étais offert à elle pour mourir en parfaite soumission à Dieu, car mon âme est véridique dans son Amour pour Lui, et comment, en sa pénultième étape, n'aurait-elle pas souhaité la mort au lieu de continuer à patauger dans la vie inférieure qui n'engendre que le châtiment futur !
Et Dieu Seul a su faire sortir le Vivant du mort, Lui qui fait mourir puis qui rend la Vie, non plus celle du moi qui n'aime que moi et n'aime Dieu ou autrui que pour moi-même, et qui doit mourir 2 fois, mais celle du Soi qui n'aime que Dieu et autrui pour Dieu et en Dieu, et qui ne meurt jamais, car Dieu est la Vie qui ne peut mourir.

Le Mystère de la vie et de la mort m'a donc été dévoilé et mon âme en a été entièrement satisfaite, puisque c'est dans le Bon Retour à

Dieu qu'Il est Lui-même satisfait, et ce Bon Retour est dans l'Ici et le Maintenant de Dieu.
M'opposer à Dieu aurait été m'opposer à l'Amour, et m'opposer à l'Amour aurait été m'opposer à la Vie ; ainsi, m'opposer à Dieu aurait été m'accorder avec la mort ; or, la mort est pour les couards qui auront l'humiliation comme rétribution, tandis que les courageux seront honorés en Dieu.

Mourir pour Dieu, c'est se jeter les yeux fermés dans le vide de soi-même pour s'écraser dans son tréfonds où, juste avant le moment inconnu du broiement, son Amour amortit le coup fatal contre le Saint Duvet de sa Divine Main ; et après l'ébranlement de l'absence du moi dans un silence de mort vient pour l'âme sa reviviscence dans le Soi au son d'un chant de Vie :
« Nul Soi autre que Dieu : Il transcende tout moi... »

Dans le même temps, mon âme comprend que tous ceux qui m'ont fait du mal, qui m'ont combattu à cause de Dieu, qui m'ont chassé de ma demeure avec le concours de complices tout aussi injustes qu'eux, m'ont en réalité fait autant de bien que ceux qui m'ont fait du bien au Nom de Dieu, et même davantage, car ceux qui m'ont fait du bien ne m'ont pas aidé à mourir en moi-même mais à survivre, tandis que ceux qui m'ont fait du mal m'ont aiguillé sur la voie de la mort intérieure au bout de laquelle s'ouvre la Porte de la Vie à ceux qui recherchent la Justice.

Et Dieu ne guide pas les injustes, mais Il guide son serviteur par le moyen des injustes pour le rendre plus juste, réservant aux injustes un juste châtiment pour avoir voulu éteindre sa Lumière que Dieu parachève en rendant à son âme la Vie après la mort. Ces injustes sont pareils à des lampes sans huile, ou à des chandelles sans mèches, à des livres sans pages, ou à des porteplumes sans encre : ils n'éclairent personne et n'enseignent rien qui vaille, et lorsque leur terme sera arrivé, même un délai ne leur servira pas à se rectifier parce que l'obscurité sera leur seule mère et le silence leur seul père. Et quel triste sort !

Du moi ou du non-moi qui est le Soi, il faut bien choisir, car le moi emprisonne l'âme dans l'ignorance du Soi, la revêt d'un masque d'hypocrisie et lui fait commettre maintes ignominies, et celui qui succombe à lui-même troque la bonne voie contre l'égarement, au lieu d'échanger sa vie de mort contre la Vie sans fin qui est cachée dans le Soi Vivant à l'abri du Maître-Soi.

Le Pélican est à la disposition de tous, mais tous ne peuvent le chevaucher sans reconnaître leur égarement, renoncer à leurs ignominies, rejeter leur hypocrisie et désirer la Connaissance qui rend l'âme libérée pour... Aimer.
C'est pour l'Amour que Dieu a créé l'âme, mais lorsqu'Il la regarde, Il voit l'Amour mal aimé, Il voit l'Amour défiguré, Il voit l'Amour tout avili.

Les Etoiles ont des messages pour tous, mais tous ne peuvent les entendre sans être doués de l'intelligence qui débusque les pièges de leur propre entendement qui croit éclairer comme le soleil mais n'est qu'une lune opaque, sans se détourner des mauvais conseillers qui soufflent dans les voiles de la barque de leur âme vers des conjectures contre la Vérité pourtant révélée, sans sortir du milieu de ceux qui associent à Dieu ce qui n'est en rien de Lui et renier toutes les déviations qui les poussaient hors de toutes limites.

C'est alors que leur oreille intérieure pourra commencer à être formée jusqu'à ce qu'il ne reste plus qu'à l'activer pour écouter, entendre, comprendre et renaître, car sans faire sortir le mort du Vivant, le Vivant ne peut sortir du mort, et si le mort reste en vie, l'âme reste morte.

Ainsi donc : apprenez à démasquer le moi en vous qui n'est qu'illusion temporaire et à déceler le Soi en vous qui est l'Incréé Eternel, et avec l'aide de Dieu, débusquez le mort en vous qui vous prive de la Vie du Présent-à-venir et enfantez le Vivant en vous qui vous libère du futur-mortel.
Adieu !

LE MURMURE DE LA 10e ETOILE :

Le Pélican Blanc étend ses ailes pour m'y installer et s'envole jusqu'à la 10e Etoile de l'activation du nerf de l'oreille de l'âme.

Un 10e murmure me stabilise dans mon nouvel équilibre intérieur et me permet de commencer à percevoir une impulsion nouvelle dans mon entendement, comme si ma Conscience n'était que Vie, comme si la Connaissance n'était que Lumière, comme si la Sagesse n'était qu'Amour.
Et en effet, à celui qui est passé par la mort dans l'âme et qui a été revivifié dans l'Esprit est attribué une Lumière d'en haut pour marcher dans les ténèbres d'en bas, non plus pour agrémenter la prison du monde mais pour montrer aux autres la direction de la liberté qu'offre le Dieu Sauveur à ceux qui Le craignent dans l'Amour et qui veulent retourner à Lui, l'Origine.

Que celui qui croit voir ferme ses yeux aux apparences ;
que celui qui croit entendre bouche ses oreilles aux enchantements ;
que celui qui croit s'exprimer scelle ses lèvres trompeuses ;
que celui qui croit savoir examine ses propres aberrations ;
que celui qui croit agir cloue ses mains et ses pieds sur la croix ;
que celui qui croit vivre livre son cœur au fer de lance ;
que celui qui croit être quelqu'un descende sous terre ou monte au ciel.

Le Langage Sibyllin ne donne pas son sens dans les mots mais dans le cœur des mots, et celui qui s'arrête aux mots rend mortes les lettres et s'arrête de progresser, tandis que celui qui pénètre dans le cœur des mots rend vives les lettres et pénètre dans le Cœur de l'Esprit qui souffle les mots de Vie, Lui dont le Mot Premier n'est connu de personne à part Lui-même et celui qui devient lui-même Premier Mot dans lequel il se connaîtra lui-même autant qu'il connaîtra l'Esprit.
Toutes les Etoiles portent le même nom : Sibylle, et sont des Foyers Solaires qui émanent des Rayons de Sagesse pour les Ames Humaines ; ce qui les distinguent n'est pas en elles mais en celui qui s'en approche et en qui la discrimination est le modus vivendi ad mortem.

La langue des Etoiles est la langue de l'intérieur, et c'est pourquoi l'oreille intérieure doit être activée jusqu'au bout afin que l'âme puisse la comprendre parfaitement et en enseigner aux autres les principes unifiés.

La langue des Etoiles ne s'adresse pas à l'intelligence inférieure mais à l'intelligence supérieure qui est l'intuition de l'âme, seul réceptacle de la Connaissance Divine indépendante de l'expérimentation mais inspirante dans l'expérience et qui n'a comme amie en l'homme que sa bonne volonté.

La langue des Etoiles ne change ni ne varie, elle se dit sans s'écrire aujourd'hui comme hier, et le nouveau-né comprend l'ancien sans un mot, car l'Ecriture Primordiale est toute Esprit et Sagesse et n'annonce rien de nouveau autre que l'Original Archétype de la Science Eternelle dont Dieu est l'Auteur et le Gardien dans son Intérieur Indicible.

Dans ce langage qui n'est encore pour moi qu'un murmure, il m'est donné de comprendre les forces constitutives du destin de l'âme : l'au-delà ne sera que la continuité de mon passé, de mon présent et de mon avenir, et si je ne mets pas ici mes forces au service de l'Impulsion Divine dès maintenant, je serai responsable de moi-même devant le Trône où ce que j'aurai acquis par mes œuvres fera mon mérite ou mon démérite si j'en suis l'otage.
Il m'incombe de fixer ma demeure dans la dimension du Savoir en marchant droit et non courbé vers la terre où abondent les écueils et les rets.

Le Langage Sacré n'a qu'un seul propos, celui du Revenir :

« Revenez à Dieu que vous avez oublié, revenez à Lui que vous avez rejeté.
Dans le Retour au Lieu de Dieu, vos pensées seront réformées et vos actions seront purifiées en tout lieu, et vous aboutirez à Dieu.

Ne remettez plus à plus tard, car vous ne savez pas s'il y aura un moment tardif qui vous sera salutaire, ou si le manteau du temps vous serez ôté sans délai ce matin, ou ce soir, ou demain, et vous rendra nus à la terre, votre Mère, qui est la Mère de votre mère, dans laquelle vous n'étiez même pas quelque chose avant de sortir de la matrice.

Si vous le voulez, Dieu le veut, et si Dieu le veut, le Retour sera bon et assuré en prenant refuge auprès de Lui contre les passions passagères qui dévorent l'âme pour l'accabler devant le Juge Suprême.

Ce que vous formez dans votre penser, vous le créez pour votre terme ; ce que vous proférez de la bouche, vous le préparez pour votre fin ; ce que vous accomplissez de vos mains, vous le bâtissez pour votre ultime séjour.
Comprenez que la rétribution des âmes n'est pas un mensonge de Dieu, ni un avertissement vain, et que c'est dans l'aujourd'hui que vous décidez du Lendemain du dernier demain où sera lu à haute voix tout ce que vous aurez fait dans la vie présente et où personne ne sera un secours pour personne.
Tout le monde entendra et comprendra, car le Langage Sacré sera perçu par tous, et tous réaliseront combien il est beau, noble et véridique.
Ceux qui auront aimé le Bien pleureront de joie en voyant leur Bien-Aimé, mais ceux qui auront préféré le mal pleureront de remords en ne Le voyant pas alors qu'Il se tiendra devant eux aussi. Et quel triste état que le leur !

Revenez ! Revenez donc ! Le Seigneur est aux aguets car Il vous aime, Il observe comment vous luttez pour Lui contre le non-amour de Lui.
Sa parole déborde de son Cœur, elle monte vers sa Bouche pour vous dire le mot de bienvenue, pour vous donner l'apaisement intégral, pour vous faire entrer dans son Immortalité qui est bien meilleure que la vie fatale. »

Ainsi donc : choisissez le Bien, qui est l'Amour, et montrez-vous reconnaissants, ce qui est Sagesse, afin que les Bienfaits Divins se multiplient sur vous, ce qui est Grâce, et qu'une Lumière vous soit impartie pour marcher dans la Vérité, qui est l'impulsion de l'Esprit de Vie.
Adieu !

LE MURMURE DE LA 11e ETOILE :

Le Pélican Blanc m'offre ses ailes, me reprend et arrive à la 11e Etoile de l'activation des cellules vibratiles de l'oreille de l'âme.

Un 11e murmure m'apporte la faculté de percevoir davantage les nuances de ce qui m'est dit en Langue Sibylline pour capter le bon sens des impulsions de Vie du propos sur le juste Revenir vers l'Amour dans la Lumière.
En effet, les sons, comme les couleurs, comportent divers degrés qui se ressemblent et qui, au fur et à mesure de leur déploiement, diffèrent grandement entre 2 timbres et 2 sens, et peuvent tromper l'intelligence si elle n'est pas encore purifiée et éclairée.

L'âme qui fuit ce qui naît de la terre échappe à l'illusion de ce qui naît de l'homme, car la fin de l'homme qui se rêve est la même fin que les fruits que la terre lui concède. Et elle fuit pour être retrouvée.
Et l'âme retrouvée par l'Aimant devient une âme de vent qui effleure la terre, glisse sur les flots, traverse le feu et souffle l'air dans lequel l'Esprit palpite.
Comment reconnaître une telle âme ?

L'âme de vent a dit adieu à tout autre Amour que celui de Dieu, son Bien-Aimé ; elle suit à la trace les Anges et l'Esprit qui ne sont que Forces d'Amour de Dieu ; elle emboîte le pas aux Prophètes authentiques qui annoncent et avertissent au sujet de Dieu ; elle se fait la compagne de Vie des amis de la Vérité, des martyrs de l'Amour et des vertueux qui marchent dans la Lumière de Dieu ; elle est à l'écoute de ce que lui dicte le Soi et ignore les intérêts du moi qui ignore Dieu ; elle est partout où Dieu se dit sans un mot ; elle est là où Dieu se fait cri ; elle va où le tonnerre de Dieu se fait entendre pour être prise dans sa foudre et illuminer le monde en Lui.

L'âme de vent a enfoui le désir dans la terre, elle a livré le penser au feu, elle a englouti la conscience dans la mer et elle a élevé son Soi dans les airs ; elle est devenue une aube naissante à l'abri de l'obscurité qui s'approfondit dans les cœurs des hommes pour les enchaîner et les assujettir au Mal qui se cache de Dieu et Le leur dissimule même dans l'apparence du bien, exposés à la Bête de l'Ombre qui se repaît de lumignons d'Esprit pour les recracher avec les flammes de ses entrailles qui le consumeront dans la fournaise de l'éternité avec ceux qui auront été pris et ceux qui auront cru la dompter.

L'âme de vent ne suit plus un sentier particulier, elle n'est plus subordonnée à une coutume et ses observances, elle n'a plus d'accointances avec le règne des hommes et son extension dans l'au-delà qu'ils conçoivent :
Elle est devenue la Voie...
Elle est devenue la Vérité...
Elle est devenue la Vie...
Sa Voie rejoint celle de tous...
Sa Vérité englobe celle de tous...
Sa Vie surplombe celle de tous.

A ce stade, l'âme aimée et l'Aimé-Tout-Aimant brûlent d'un même Feu et partagent le même Saint Lieu, le Buisson qu'ils forment ensemble ne se consume point et l'éclat de l'Un est l'éclat de l'autre, et l'oreille de l'un entend par l'Oreille de l'Autre les cris des enfants des hommes qui sont enfants de Dieu non encore nés, et leur douleur devient la douleur de l'Un et de l'autre.

Les larmes des cœurs d'en bas forment des ruisseaux qui se jettent dans le Fleuve d'en haut ayant pour nom en amont : Miséricorde, et en aval : Grâce ; et c'est l'âme de vent qui part au-devant de Dieu comme une annonce du débordement de son Fleuve pour écarter le Mal qui sévit.
Ce Fleuve de Vie sortira de son lit, aussi sûrement que le soleil sort de sa tente chaque matin pour éclairer les hommes, les conduire au travail et faire fructifier leurs œuvres ; de même, quand le temps des grandes eaux viendra, les âmes seront secourues, elles seront emportées loin de leurs oppresseurs et elles prospéreront dans la paix.

Quelle âme accomplira cette mission d'annonce au monde ?
Qui pourra redescendre sans se faire reprendre par le monde ?

Celle qui, morte à elle-même, ne revivra pas pour elle-même ;
celle qui, renouvelée dans l'Esprit, ne Le souillera pas dans la chair ;
celle qui, revêtue de l'Habit Céleste, ne l'échangera pas contre la poussière ;

celle qui, sauvée par l'Amour, aidera les affligés avec le même Amour ;
celle qui, sachant ce qu'est le Sacrifice, n'ajoutera pas à la douleur d'autrui ;
celle qui, enrichie de toutes les Grâces, n'attendra rien en retour ;
celle qui, ayant retrouvé l'Ouïe, parlera selon ce qu'elle entendra ;
celle qui, voyant Celui qui ne se voit pas, s'efforcera de Le montrer ;
celle qui, connaissant la Rétribution, posera les actes justes et purs.

Il n'y a aucune force dans l'homme, si ce n'est la force humaine qui n'exerce le pouvoir qu'à la mesure de l'homme sans aucune autorité sur l'âme elle-même faite de Puissance Divine.
La force de l'âme est la Force Divine qui est le vrai pouvoir de l'homme sur lui-même étant en puissance de Dieu qui est sa seule Autorité.
Dès lors, l'âme missionnaire n'est pas autre qu'un instrument pour agir et un outil pour construire :
agir par Dieu et avec Dieu, construire en Dieu et pour Dieu ;
agir par Amour et avec Bonté, construire dans l'Amour et pour l'Unité ;
agir par la Lumière et avec le Feu, construire dans la clarté et pour le Jour ;
agir par ce qui Vit et avec le Vivant, construire dans la Vie et pour la Vie.

Quand l'âme est près d'entendre, elle est près de voir, et quand elle entend et voit, elle est devenue sourde aux bruits et aveugle aux images car elle ne fait plus qu'Un avec le Silence qui parle et avec le Réel qui est.

Ainsi donc : chevauchez le vent, libres des éléments, et rejoignez le Soleil Levant, émancipés de toutes tutelles ; vous serez utiles à Dieu et avantageux pour les hommes, vos frères, enserrés dans la souffrance et l'ignorance.
Adieu !

LE MURMURE DE LA 12e ETOILE :

Le Pélican Blanc semble me sourire en me replaçant sur ses ailes, et cette fois je ressens la joie d'être transporté jusqu'à la 12e et dernière Etoile de l'activation de la trompe de l'oreille de l'âme.

Là, le 12e murmure me paraît comme une bouffée d'air frais en moi-même qui balaie ce qui reste encore de souillé dans mon âme pour me permettre d'être en parfaite harmonie avec le monde suprasensible où la Sagesse n'a aucun rapport avec le raisonnement qui aime par intérêt et le sentimental qui aime par égoïsme.
Au contraire, Dieu, le Très-Sage, dit à l'âme qui a combattu dans sa Voie :
« J'aime le pieux ! »
Et l'âme pieuse, qui s'est purifiée et a placé en Lui sa confiance, Lui répond :
« Je T'aime car Tu es plein d'Amour ! »

Dans cette Harmonie flamboyante, l'âme est totalement libre en Celui qui l'a libérée d'elle-même et du monde créé, et devient entièrement libre d'agir avec Lui et en Lui comme elle le veut, sans risquer de perturber son eurythmie intérieure, puisque pour Le rencontrer elle a dû avancer dans la crainte de son Nom, et qu'il n'y a pas de péché pour celui qui craint Dieu, et que celui qui ne cesse de Le craindre ne fait que le Bien.

Ses souffrances sont loin derrière elle accolées à son moi, sa patience a porté son fruit dans son Soi, la connaissance dans l'Esprit a remplacé son inscience dans la chair, la communion dans le Présent l'a rendue simple dans l'unité, l'exaltation l'a rendue note de louange céleste, l'admiration l'a revêtue de la sainteté angélique, l'immolation lui a procuré l'héritage divin, la vision suprême lui a imprimé le sceau de justice, la reviviscence spirituelle a rompu sa chaîne de mort, l'impulsion des forces de la Lumière a fait d'elle une âme de vent.

Il est venu, le temps de la Vendange enivrante, le temps de la Fête extatique, le temps de l'Amour consommé ; et le temps passé à désirer et à aimer dans l'effervescence d'un cœur embrasé, qui paraissait si long et rude, devient le temps chéri de l'enfance et de l'innocence de l'âme qui la propulse dans un assouvissement

inouï qui n'a pas de précédent, n'aura pas d'égal et ne connaîtra rien de préférable.
L'Aimant qui l'attirait à Lui est désormais l'Aimé qui la garde en Lui, et l'Amant qui lui préparait son avenir se fait le Bien-Aimé de son devenir.
Dieu n'est plus rien pour elle, Dieu n'est plus ceci ou cela, Dieu n'est plus Lui comme autre que soi, Dieu n'est plus là où elle n'est pas :
Dieu est ce qui ne se dit pas, Dieu est ce qui ne peut être nommé, Dieu est ce qui, même si on le savait, ne pourrait pas être prononcé, Dieu est, à tout le moins, ce que l'âme peut exprimer sans que ce soit encore exact :
« Â... »

Et en l'exprimant, à l'instant, une larme perle de mon âme...
Existerait-il un meilleur témoignage de la part de Dieu ?

Maintenant, dans l'émoi de l'âme en Dieu, que pensez-vous qu'elle pense ?
Ne penserait-elle pas la Pensée de son Divin Epoux ? Et quelle est-elle ?
La compassion !

Compassion pour les souffrances des corps, des âmes et des esprits, dues à leur éloignement de tant de béatitude, aux turpitudes dans lesquelles ils sont enlisés et à l'habitude de l'incrédulité dans laquelle ils s'obstinent.

Compassion pour mes frères, comme moi enfants d'un même Père, sortis de la même terre sur le ventre de leurs mères, qui sont aussi mes sœurs, et qui vivent pour le terrestre au lieu de vivre pour le Céleste, qui demeurent en eux-mêmes au lieu de s'installer dans le Soi en s'unissant à tous les Soi.

Compassion pour les convoitises destructrices, pour les luttes intestines, pour les sacrifices inutiles, pour les certitudes fragiles, pour les espoirs déçus, pour les affections creuses, pour les abus de pouvoir, pour les injustices quotidiennes, pour les préjudices irréparables.

Compassion pour ceux qui ont des yeux et ne voient rien, pour ceux qui ont des oreilles et n'écoutent rien, pour ceux qui ont de l'intelligence et ne comprennent rien, pour ceux qui ont un cœur et n'en change rien, pour ceux qui ont des moyens et n'en font rien, pour ceux qui ont un rang et ne sont rien.

Compassion pour les religieux qui sont étrangers à Dieu, pour les philosophes qui sont hostiles à Dieu, pour les humanistes qui ont soustrait Dieu, pour les politiciens qui ont exclu Dieu, pour les scientifiques qui ne discernent pas Dieu, pour les maîtres qui ne guident pas vers Dieu.

Compassion pour les égareurs qui ont changé les vertus en vices, pour les orateurs qui promulguent le mal comme étant le bien, pour les agitateurs qui sèment la peur et l'horreur, pour les grégaires qui suggestionnent les faibles et les serfs.

Compassion pour les gens de bonne volonté qui s'oublient eux-mêmes pour aider les autres et sont méprisés, qui secourent ceux qui sombrent et sont oubliés, qui concourent au bien-être des défavorisés et manquent de tout, qui travaillent pour un monde meilleur et le voient saboté.

Compassion pour ceux qui se repentent et n'ont personne qui les fortifie, pour ceux qui ont la foi et sont persécutés par les croyants, pour ceux qui aiment la pureté et sont proscrits par les immoraux, pour ceux qui veulent la justice et sont déshonorés par les coupables, pour ceux qui réclament l'ordre et sont censurés par les libertaires, pour ceux qui veulent la paix et sont trahis par leurs proches.

Et dans cette compassion d'âme, une Larme perle du Cœur de Dieu…
Â… Dieu… !

LE CHANT DU CŒUR DU PELICAN BLANC

Tandis que le Pélican Blanc déployait ses ailes pour m'emmener là où je ne savais pas, l'ouïe de mon âme perçut des sons inconnus qui me rendaient aussi éthéré qu'un Océan d'Espace de Lumière satinée.
Mon esprit fut en interrogation, mais aucune question ne prenait forme, comme si les réponses se trouvaient dans les ondulations mêmes de l'air qui m'envahissaient, dans les vagues de fluide cosmique qui propulsaient notre vol vers les confins d'un nouvel Eveil.

En un moment où le temps ne se compte plus et où l'espace même n'a plus de place, je sentis le Mystère si présent que je m'en pâmai de délectation.
Dans cette évanescence du Présent mystérieux parut alors un Astre plus grand que Jupiter, à l'éclat solaire extrême mais qui n'était pas le Soleil, et autour duquel gravitaient deux autres Astres à telle distance qu'ils ne paraissaient pas être enflammés comme le premier mais plutôt faits de suavité et de sérénité, et, dans l'incandescence de mon âme ignée dans le rayonnement de l'Astre auguste, je savourai le printemps de mon être.
De la gorge du Pélican résonnaient ces mots que j'entendis clairement :
« *Solunastella* ! »

Je compris que c'était le nom donné à ce noble spectacle sidéral. Et le Pélican tournoya autour de l'Astre éclatant, comme pour me montrer son Noyau qui semblait mû par des pulsations, et que je ne puis décrire parce que le langage humain n'a rien de comparable à ce que l'âme y a vu, mais duquel bruissait une Voix grave d'une Source sourdant au milieu de Flammes ardentes qui me fit vibrer avec intensité :
« Â... »

Et du Pélican, à un diapason plus aigu mais dans la même mesure, retentit comme un Echo venant de l'Astre fascinant qui me fit être ce même Son :
« Â... »

Je compris ce qu'est l'Immortalité, je discernai ce qu'est la Lumière, je sus ce qu'est être Aimé. Et je réalisai, sans le verbaliser, l'Arcane Divin :
« Dieu est Le Dieu, et son ami est son prophète... »

Tout à coup, le Pélican plongea en direction d'un des deux autres Astres en orbite, où il me déposa très délicatement, et, avec étonnement, je constatai que je n'étais plus exposé aux faisceaux de l'Astre de Splendeur, et je crus que j'entrais dans mon dernier sommeil, que je me trouvais enfin dans ma dernière demeure, comme je l'avais cru la 1re fois, au début, et que j'étais revenu à ma condition originelle, comme une émission germinale rétrograde après avoir toutefois accompli son œuvre d'éclosion. Je fermai les yeux dans l'acceptation de mon achèvement, conscient de ma candeur d'âme retrouvée, et je crus m'éteindre dans l'Extinction en expirant ce que j'étais devenu et qui n'avait pourtant jamais cessé d'être en moi :
« Â... »

LA VOIX DU DERNIER SOUPIR :

L'état de libération dans lequel je me trouvais me parut étrange, car, les yeux fermés, je voyais, et, voyant, j'entendais, et, entendant, je comprenais, et, comprenant, je jubilais, et, jubilant, je pensais que l'Eternité n'était plus que spasme de dilection.

Et le Pélican Blanc m'apparut sur l'autre Astre, comme transfiguré : il avait plus d'ampleur et plus de blancheur, et de son Cœur dégouttaient des perles gorgées de Sang cramoisi qui devenaient au sol des pétales de Rose dont les effluves étaient des Forces d'Esprit parvenant à mon oreille d'âme comme une psalmodie séraphique qui se dévoila en 12 Oracles :

1er : Ami !
Dis aux hommes pourquoi c'est par l'Homme que Dieu appelle les hommes au salut, et que c'est par l'Homme que les hommes retournent à Dieu.
L'Homme vrai et utile à Dieu est l'Homme vrai et utile aux hommes.
Cet Homme est en Dieu et Dieu est en lui pour sauver les hommes.
L'Homme en Dieu est pur car Dieu est le Pur, et sans pureté l'Homme est comme les hommes, et les hommes impurs perdent leur humanité, et dans leur impureté ils sont injustes et ne peuvent donc sauver personne.
L'Homme vrai et utile à Dieu est pur et juste, et son salut est un don pour les hommes et non pour lui seul, car Dieu aime les hommes.

2e : Ami !
Dis aux hommes que leurs aliments sans Vie et que leurs boissons pleines de poisons répandent la mort dans leur esprit, leur âme et leur corps.
Tu goûtes maintenant l'Onctuosité Divine dans l'Ambroisie et le Nectar de ton Bien-Aimé qui t'aimait, qui t'aime et t'aimera autant qu'Il était, qu'Il est et qu'Il sera, et qui te préservent de toute impureté et de toute injustice menant à la mort celui qui s'en revêt.
Ce que tu manges et bois est ce que tu deviens et ce qui fait ta beauté, reflet de sa Beauté, pour l'offrir aux regards des hommes

qui portent la laideur de ce qu'ils mangent et boivent et qui sont vêtus d'impureté et d'injustice.
L'Homme beau et aimé de Dieu est l'Homme qui montre sa beauté aux hommes pour qu'ils L'aiment, s'en nourrissent et s'en revêtent.

3e : Ami !
Dis aux hommes que l'Amour est la seule Force de liaison entre eux et avec Dieu, et que, sans aimer Dieu, les hommes ne peuvent aimer les hommes ni devenir l'Homme, car l'Homme est une Force d'Amour capable d'aimer à la mesure de son savoir, et son savoir est en Dieu, et Dieu est en lui.
L'Amour de Dieu est le Jardin de l'Homme, et là il n'y a ni ronce, ni broussaille, ni invasion, ni dissension, ni désolation, ni dévastation.
Là est le Refuge où l'âme se repose et se réjouit, où coulent des ruisseaux abondants, où des fleurs s'épanouissent, où des fruits font délices.
Et ce Jardin est dans le cœur de l'Homme l'ombre du Jardin de Lumière dans le Cœur de Dieu : les hommes n'y ont pas accès, seul l'Homme peut y entrer, et avec lui, ses compagnons qui sont entrés en l'Homme.

4e : Ami !
Dis aux hommes que leur amour n'est pas l'Amour, et que leur solidarité est une solidarité de mort pour la mort.
L'Homme ne s'aime lui-même que parce qu'il aime Dieu en lui, et que Dieu en lui n'aime que Lui, et l'Homme aime les hommes parce qu'il voit en eux un devenir d'Homme, un devenir d'Amour.
Les hommes aiment les hommes mais exècrent l'Homme parce qu'ils abhorrent Dieu, et sans être en paix avec Dieu, les hommes ne peuvent avoir la paix entre eux malgré leurs efforts pour s'aider mutuellement.
La solidarité sans l'Amour est comme la religion sans la Foi, et aucune des deux n'a une quelconque espérance.
C'est en se détournant des hommes que l'on trouve l'Homme, et avec l'Homme, Dieu, et en Dieu, la Vie.

5e : Ami !
Dis aux hommes que le progrès ne peut être régression, que l'obscurité de l'esprit est plus souvent devant eux que derrière, et que si elle est devant, c'est parce qu'elle est encore en eux.

Il est bon pour les hommes de conquérir la matière puisqu'elle est la substance du travail de l'esprit, et la matière est toute entière dans votre corps autant que dans le monde créé.
Mais l'Homme ne va pas en arrière au nom du progrès, car il sait que l'Homme est esprit, et que l'esprit ne peut être immoral car dans l'immoralité sont l'impureté, l'injustice, le mal et l'outrage à la Sagesse.
C'est dans la matière que Dieu a créé l'Homme, mais c'est par son Esprit qu'Il le façonne, et l'Esprit est porteur des Principes fondamentaux, et ces Principes sont éternels et inviolables ; les enfreindre, c'est renier la Vérité, et la Vérité est dans la Nature, et la Nature se conforme à Dieu.
Si les hommes ne respectent plus ce à quoi la Nature elle-même se soumet, ils s'avilissent plus bas que la Nature, et plus bas qu'elle sont les particules d'un âge où rien n'était encore ordonné, où tout entrait dans l'expansion, et ils se ramènent ainsi eux-mêmes à l'état pré-humain.

6e : Ami !
Dis aux hommes qu'ils sont de Dieu et non de la Nature, car la Nature, dans son éternité, ne restera pas Nature mais retournera à sa matière première, qui est la Matière-Esprit.
Comme la Nature a évolué pour s'offrir aux hommes et satisfaire tous leurs besoins et même réjouir leur cœur, les hommes doivent évoluer et s'offrir à l'Homme pour acquérir la Sagesse et trouver le Bonheur.
L'Homme, dans son éternité, ne restera pas Homme mais retournera à son état premier, qui est l'Homme-Esprit.
Les hommes sont de Dieu, mais c'est l'Homme qui manifeste son Essence et sa Lumière, tandis que des hommes ne paraissent qu'apparences et ténèbres.
La Lumière de l'Homme est Sagesse Divine parmi les hommes, et l'Homme Sage est Lumière Divine dans le monde.
Les hommes sont attachés à la matière, l'Homme est attaché à la Sagesse, et Dieu est attaché à sa Lumière en l'Homme.

7e : Ami !
Dis aux hommes que Dieu est le Possesseur de tous biens et que c'est de Lui que tout leur vient, qu'ils soient bons ou mauvais, mais que les bons, même s'ils manquent de tout ne manquent de rien quand ils Le possèdent, et que les méchants, même s'ils ne

manquent de rien manquent l'essentiel s'ils ne L'ont pas en eux-mêmes.
Vivre pour avoir et avoir sans être, c'est vivre sans être.
Vivre pour être et être sans Dieu, c'est vivre sans Dieu.
Avoir Dieu, c'est avoir tout, et avoir tout en Dieu, c'est avoir sa Vie en l'être.
Que les hommes ne soient donc pas ingrats envers Dieu, car Il donne à chacun ce qui lui revient en totale équité.
Quant à l'Homme conscient de Dieu, il vit dans la gratitude permanente sachant que rien ne lui est dû et que tout ce qui est à lui ne lui appartient pas en propre mais est un prêt pour servir à Dieu en faveur de qui Il veut.

8e : Ami !
Dis aux hommes qu'ils ont peu de droits sur les hommes et pas de droit sur l'Homme, car l'Homme est le doigt de Dieu, et s'il se soumet aux hommes par nécessité, il n'est soumis qu'à Dieu par exigence.
L'Homme ne domine par l'Homme mais le sert par Amour, et s'il sert aussi les hommes, c'est par Sagesse, car par elle il étend le règne de l'Amour.
L'Homme, même quand il sert, ne rejoint pas la condition des hommes en lui-même mais seulement extérieurement, car c'est aux hommes qu'il appartient de s'élever intérieurement à la condition de l'Homme et non d'en singer l'allure.
En effet, l'Homme n'est pas un simulacre de Dieu puisqu'il L'a rejoint en lui-même, tandis que les hommes ont de l'Homme seulement l'aspect, étant accoutumés à leur condition déchue.

9e : Ami !
Dis aux hommes que toute atteinte envers un autre est une atteinte envers eux-mêmes et une entrave à l'Homme qui les attend.
Il n'y a que le péché qui soit reprochable, mais un pécheur peut-il reprendre un autre pécheur sans tomber lui-même dans un péché ?
C'est à l'Homme qu'il appartient de réprimander le pécheur parce qu'il a connu son propre péché et l'a haï jusqu'à l'honnir de sa vie sans oublier qu'il est une tour constamment assaillie par le péché.
Et cet Homme, même s'il ne condamne pas les pécheurs, les avertit et les éclaire pour qu'eux aussi prennent conscience, se repentent et renoncent, et c'est pourquoi il ne calomnie personne

et ne révèle à personne les faiblesses et les transgressions des autres mais prie pour leur salut.
Les hommes se vantent de tant de choses, même de leurs fautes et de leurs égarements, mais l'Homme ne se glorifie de rien si ce n'est de Dieu de qui dépendent son intégrité et sa bénédiction.
Ainsi, du matin au soir, il veille sur lui-même et fixe son esprit sur Dieu pour ne pas tomber, et le soir venu, il s'examine consciencieusement pour se corriger lui-même afin de n'être pas corrigé un jour par son Maître.
Et s'il lui arrive de trébucher, c'est l'Homme que Dieu relève, tandis que les hommes sont livrés à eux-mêmes puisqu'ils ne croient qu'en eux.

10e : Ami !
Dis aux hommes que la famille est leur bien le plus précieux avec le travail, et que détruire sa famille est aussi grave que de perdre son travail, car sans famille on est pauvre et sans travail on est sans revenu, et dans les 2 cas on est seul, et la solitude détruit les hommes tout autant que les rivalités.
Dieu a créé l'Homme et ne l'a pas laissé seul, mais Il lui a donné un autre lui-même pour devenir homme en aimant sa femme, pour que la femme devienne mère par Amour, et pour qu'ensemble ils façonnent le monde des hommes selon la pensée de Dieu par le travail.
En effet, Dieu ne lui a pas seulement donné la femme mais aussi du travail par lequel il apprend à se connaître, à se développer et à s'épanouir pour être utile à sa famille et au monde en développant l'Amitié.
Ainsi, par l'Amour l'Homme édifie sa famille et par le travail il bâtit un monde d'Amis.
On détruit sa famille en se trompant sur l'Amour, et on trompe l'Amour en brisant sa famille ; toute famille brisée engendre des souffrances, favorise l'impudicité et abîme les âmes.
On perd son travail en n'accomplissant pas ses devoirs, et on perd sa dignité en ne travaillant plus ; tout désoeuvrement engendre l'indolence, favorise la médiocrité et rend égoïste.

11e : Ami !
Dis aux hommes que la religion authentique n'est pas la leur et que leur histoire est parsemée de religions différentes qui, chacune en son époque, se prétendaient la vraie, l'unique et l'universelle.

La véritable religion est celle de l'Homme parce qu'elle est celle de Dieu : c'est la Religion-Sagesse de l'Amour, et celle-là est éternelle. Elle est une Religion de Lumière qui communique la Vie coulant de la Source Divine, et elle n'a de temple que l'Homme, de révélation que l'Homme, de prêtre que l'Homme et de sacrifice que l'Homme.
Et c'est sur ces 4 fondements que l'Homme se relie à Dieu qui est à la fois son Temple, sa Révélation, son Prêtre et son Sacrifice.
Que personne donc ne change de religion pour une autre, mais que chacun s'efforce de bien connaître la sienne pour bien comprendre celles des autres, pouvoir discerner leur origine commune, en acquérir une vision unificatrice, propager les principes divins et favoriser l'émancipation des hommes.
Le seul critère de légitimité est le monothéisme pur, car le Seul Dieu est là où se trouvent la Vérité, la Sagesse et l'Amour tout à la fois.

12e : Ami !
Dis aux hommes qu'il y a plus grand qu'eux, plus grand que la terre, plus grand que le ciel, plus grand que l'univers, et que c'est le Père de tout ce qui existe, et qu'il n'y en a pas un autre que Lui. Et il y a plus grand que les plus grandes choses qu'ils puissent faire, et c'est l'humilité de l'Homme devant les hommes faits d'argile et d'eau, et devant Dieu Cause de toutes les causes et Racine de toutes racines ; et l'Homme humble qui offre sa vie pour plaire à Dieu et perd son sang pour accomplir sa Volonté est ce qu'il y a de plus grand dans le Cœur du Père des Ames et des Esprits, tellement que pour le sauver Il se fait Tout-Petit dans son cœur.

Le Chant du Pélican se termina par ce mot, « cœur », et je sentis le mien métamorphosé par la Voix encore toute vibrante qui l'avait pénétré comme pour le modeler de l'intérieur et le conformer parfaitement aux Oracles.

Une Puissance venant des profondeurs de mon sein me redressera sur mes pieds et me mit face au Pélican toujours sur son autre Astre, et, ô Mystère admirable, c'était comme si nos cœurs s'échangeaient et que, dans le mouvement circulaire autour de l'Astre supra-solaire, une liaison syntone me communiquait sa Pensée avec laquelle je me sentais une même Pensée ; et de mon cœur, qui n'était cependant plus tout à fait le mien mais qui était mien, tombaient des pétales de Rose qui devenaient sur le sol des perles gorgées de Sang cramoisi dont les émanations étaient des Forces d'Esprit s'emparant de ma langue d'âme pour la faire chanter à son tour 12 Oracles célestes pour les hommes :

1er : Frères !
Dieu est Parole et vous êtes ses lettres : quels mots voulez-vous former ?
Dites à votre âme : « O mon âme, avec la permission de Dieu, sois oiseau ! »
Alors, le Souffle de la Parole Dieu en vous la rendra Ame-Oiseau, et vous découvrirez le langage des oiseaux, et vous étendrez vos ailes pour glorifier Dieu, et vous répéterez ses louanges dans vos abris sous le ciel, car le langage des oiseaux est le Langage de la Sagesse dont Dieu favorise ses fidèles serviteurs, qui Le chantent en Lui rendant grâce pour ses dons.
Puis, dites à votre âme : « O mon âme, retourne dans ton nid ! »
Alors, le Rappel de la Parole de Dieu en vous la dirigera vers Lui, et vous trouverez le sentier caché dans le ciel, et vous y rejoindrez vos âmes-frères qui recherchent leur gîte sûr, et vous serez comptés parmi les bienheureux, car le Nid des Ames-Oiseaux est accolé au Trône Immense Divin où elles Le célèbrent jour et nuit dans la Lumière de sa gloire.

2e : Frères !
Dieu est Père et vous êtes ses enfants : quelle fraternité formez-vous ?
Dites à votre âme : « O mon âme, par la volonté de Dieu, sois aimable ! »

Et vous verrez que, les plus disposés en amitié, ce sont ceux qui sont soumis à Dieu et non ceux qui veulent vous soumettre à eux comme s'ils étaient des dieux alors qu'ils ne sont qu'amis de ce monde.
Ne vous complaisez dans aucune inimitié ni division, mais recherchez sans relâche la réconciliation et la paix, car la fraternité est dans votre cœur et au-delà de toute rancune.

3e : Frères !
Dieu est le Bien-Aimé ignoré que vous recherchez dans ce qui est fugace.
Dites à votre âme : « O mon âme, par la permission de Dieu, sois fleur ! »
Alors, la Bonté de Dieu sera votre terreau, l'Amour de Dieu sera votre graine, la Sagesse de Dieu vous fera croître, la Lumière de Dieu vous fera épanouir, et vous serez pour Lui des Ames-Fleurs tout offertes qu'Il cueillera, car c'est Lui qui vous trouvera, et votre fragrance sera mariée au Parfum Divin qui est l'Arôme de son Royaume.

4e : Frères !
Dieu est Beauté et vous êtes formés de limon pour être sa marque ici-bas.
Dites à votre âme : « Mon âme, sois comme Dieu t'a créée la première fois ! »
Alors, vous verrez les nuées de ténèbres qui claustrent vos âmes pendant votre traversée terrestre, et vous soupirerez pour être mis au large, et vous serez emportés par les cataractes du ciel, et vous perdrez tout ce qui vous est capital, et vous serez consumés dans la fournaise de l'Esprit, et vous connaîtrez que vous n'êtes rien, et vous apprendrez la confiance en Dieu, et vous saisirez sa Corde Salvatrice, et vous serez tirés de l'écume de vous-mêmes, et vous renaîtrez de vos cendres, et vous retrouverez votre harmonie perdue, et vous verrez votre forme première accomplie, et vous adorerez Dieu qui est votre Perfection.

5e : Frères !
Dieu est Vérité évidente et vous êtes son accomplissement.
Dites à votre âme : « O mon âme, sois sincère et montre-toi véridique ! »

Alors, vous délaisserez le faux en vous et vous vous dévêtirez de votre habit de mensonge qui trompe les autres sur ce que vous êtes.
Vous souhaiterez la mort plutôt que de demeurer dans l'égarement volontaire, et vous tiendrez votre engagement jusqu'à ce que toute trace d'artifice disparaisse en même temps que votre moi-menteur, car la mort la plus efficiente est celle que vous vous donnerez à vous-mêmes, puisque la mort qui frappe tous les êtres ne peut être offerte en compensation à Dieu.
La Vérité ne vient pas d'en bas mais d'en haut, car ce qui est en bas a été créé par Celui qui est en haut afin que ce qui est en bas soit comme ce qui est en haut ; détournez donc vos yeux de ce qui est en bas et portez-les vers le haut où la Vérité est le modèle de ce que vous êtes à ses Yeux, afin de retrouver en vous l'éclat originel de votre être conforme à la Vérité.

6e : Frères !
Dieu est le Législateur Suprême et vous êtes ses lois vivantes.
Dites à votre âme : « O mon âme, sois l'agent de Dieu sur la terre ! »
Alors, vous deviendrez conscients des choix qui s'imposeront à vous à tous les instants et vous entrerez dans le champ de vos responsabilités où vos actions parleront pour ou contre vous à grands cris qui s'entendront jusque dans les lieux les plus secrets du ciel.
Vous considérerez la Vie avec sérieux et toutes ses épreuves vous seront bénéfiques parce que vous y décèlerez votre devoir caché :
le devoir de conserver votre intégrité physique, de préserver votre pureté d'âme et de déployer votre intelligence ;
le devoir de respecter vos semblables, de leur apporter aide et soutien, et de leur montrer votre authenticité et votre sympathie ;
le devoir de discerner Dieu dans les êtres, de L'honorer dans ses œuvres et de Le servir en esprit de reconnaissance ;
le devoir de sauvegarder sa création, de cultiver la nature selon ses lois et de protéger la vie végétale et animale.
Toutes les fois où vos lois contrarient la Nature et l'Homme, vous contrez les plans de Dieu et vous devrez rendre compte de vos transgressions.

7e : Frères !
Dieu est le Bien Souverain et vous êtes appelés au bien.
Dites à votre âme : « O mon âme, mets-toi au service du bien ! »

Alors, le mal vous assaillira de toutes parts pour vous faire fléchir et vous faire faillir ; les méchants médiront de vous pour vous faire rugir et vous faire mentir ; le malheur vous atteindra pour vous rendre courroucés et envieux ; les mauvais vous flatteront pour vous tromper et vous dénaturer.
Le bien se montrera chaque fois à vous pour que vous compreniez que c'est dans l'application de soi qu'on l'atteint et dans le dépassement de soi qu'on l'applique, et que la récompense du bien n'est autre que le Bien lui-même, tandis que le salaire du mal est le retour sur soi dans le vide du moi.
En effet, Dieu n'envoie que le bien et ne veut que le bien ; ainsi les âmes ont été faites par le bien et en vue du bien ; si une âme fait le mal, c'est un mal qu'elle s'est acquise elle-même dans son éloignement de Dieu qui la laisse vide de Lui, et tout acte porte en lui sa propre fin :
ou Dieu s'il est fait pour Lui et qui le lui rend en bien, ou le pécheur s'il est fait pour lui et qui lui est rendu en pire.

8e : Frères !
Dieu est Indulgent et vous êtes dotés d'un seul cœur et non de deux.
Dites à votre âme : « O mon âme, ne fais qu'un avec mon cœur ! »
Alors, l'homme en vous se sentira à l'étroit, car si l'âme ne fait qu'un avec le cœur et que Dieu s'interpose entre l'homme et son cœur, l'homme se retrouvera bien seul et démuni face à une puissance doublée.
Et que fait Dieu dans le cœur sinon le pardonner pour lui insuffler la vraie Vie, car sans pardon, pas de proximité possible avec Lui.
De même entre vous, quelle proximité favorable pouvez-vous avoir si vous ne laissez pas votre cœur être simple en Dieu et non double en vous, en excusant, passant outre, oubliant et absolvant vos fautes réciproques, puisque même les Anges implorent le pardon de Dieu pour vous-mêmes.
Vous serez de réels bienfaisants par le moyen du pardon, et, pour vous, Dieu parachèvera votre Lumière.

9e : Frères !
Dieu est Roi et vous êtes son domaine et sa possession.
Dites à votre âme : « O mon âme, soumets-toi à Celui à qui tu appartiens ! »

Alors, les impies et les athées vous feront la cour pour vous importer dans leur royaume, et s'ils n'y réussissent pas, ils useront de contraintes jusqu'à ce que vous soyiez des leurs.
Prenez garde à vous et ne vous laissez pas séduire par leur monde, car Dieu, qui se passe largement des mondes, se passera d'eux, et de vous aussi si vous leur êtes alliés.
En étant sujets d'un autre règne que celui de Dieu, vous ne feriez que vous livrer à l'orgueil qui alimente le brasier ravageur de l'âme avant l'heure.
Les hommes deviennent ce qu'ils fréquentent autant que ce qu'ils mangent.
La meilleure preuve d'Amour pour Dieu et de la droiture de sa Vie, c'est l'âme soumise à son Esprit, et que veut l'Esprit sinon que vous ayez foi en Dieu et que, par la foi, vous Le laissiez exercer sa Royauté en éclairant votre intelligence et en élargissant votre cœur afin que, par sa Sagesse et sa Science, vous appeliez tous les hommes vers son Chemin de Lumière.

10e : Frères !
Dieu est Esprit de Vie et vous êtes son champ de Vie.
Dites à votre âme : « O mon âme, nettoie ta parcelle qui n'est pas à toi ! »
Alors, vous descendrez au fond de votre profondeur pour y trancher les racines de toutes vos infamies qui déshonorent votre humanité et offensent la Divinité en vous à qui rien n'est caché.
Et vous remonterez au faîte de vous-mêmes pour y arracher les ronces de toutes vos manies qui blessent les hommes et défigurent Dieu qui se cache en chacun d'eux comme en vous.
Et vous fracasserez le roc de la passion qui vous empêche de cultiver votre jardin intérieur en vous figeant dans l'assouvissement des plaisirs fugitifs pour fuir les causes de tristesse et qui modifient votre organisme physique et moral pour rendre votre âme difforme et hideuse aux yeux de Dieu.
Et vous briserez les pierres de la pensée qui vous abrutissent, avec lesquelles vous construisez des édifices mentaux aussi laids qu'inutiles et qui vous servent à lapider tous ceux qui veulent cultiver en eux le savoir dans le puits duquel ils puisent les sources de leur joie et qui produit des fruits de justice et de paix pour rendre à l'âme humaine l'éclat et la grâce du monde divin.
Et vous concasserez les cailloux de vos paroles que vous lancez au visage des autres comme aussi souvent dans leur dos et qui sont autant de crimes contre leur réputation ou contre leurs

mérites ; et les cailloux de vos actes qui rendent la marche des autres pénible, qui écorchent leurs pieds et les déroutent alors qu'ils n'aspirent qu'à être cultivés par l'Esprit de Dieu pour être son Jardin où Il puisse cueillir des fruits de Vie et jouer avec les fleurs Vivantes comme un Père avec son enfant ou un Amant avec sa bien-aimée.

11e : Frères !
Dieu est Lumière et vous êtes ses étincelles jaillies de son Saint Brasier.
Dites à votre âme : « O mon âme, tiens haut ta torche et flamboie ! »
Alors, vous lèverez la trappe de l'antre où la mèche de l'âme brûle son coton inextinguible sans être utile à rien ni éclairer personne, et elle vous saisira tout entiers pour vous rendre Flammes Vivantes, et vos pieds dévorés courront pour répandre partout l'Incendie de Dieu, et vos mains rougeoyantes soulageront les brûlures de ceux qui souffrent déjà l'enfer, et vos cœurs consumés seront des Flambeaux illuminant les hommes.
Dans sa consomption, votre âme vous couvrira d'un vêtement de Feu qui rayonnera la Chaleur Divine sur ceux qui sont glacés d'effroi dans la vie, et votre demeure sera un Foyer ardent où les isolés, les rejetés et les errants spirituels viendront vous écouter à la lueur de vos braises, et votre présence dans le monde sera comme un phare qui guidera les chercheurs vers Dieu.
Votre Lumière sera aussi l'épée d'âme qui foudroiera le mal en ceux pour qui vous prierez et sur qui vous invoquerez le Nom de Dieu, qui terrassera les fluides malicieux qui circulent dans leur sang et les rendent serviteurs des ténèbres, et qui, tout en les rendant aveugles par l'éclat de sa lame, percera leurs oreilles pour ne plus écouter les suggestions néfastes de leur moi obscurci, et ils partiront en quête du Médecin des âmes, marchant à tâtons vers la Voie Droite et implorant de Lui le recouvrement de la vue pour progresser dans la clarté et la restauration de leur oreille intérieure pour entendre les merveilles de sa Vérité.

12e : Frères !
Dieu est Amour et vous êtes la farine et le levain de sa pâte.
Dites à votre âme : « O mon âme, deviens le Pain de délices de ton Désiré ! »

Alors, Il vous malaxera Lui-même avec une tendre fermeté pour vous rendre dociles comme les petits enfants, et Il vous moulera avec précaution et précision pour vous donner la forme de sa Perfection, et Il vous enfournera dans l'Arche de sa Volonté Immuable pour combustionner ce qui reste en vous d'impureté et d'iniquité, et vous sortirez de vous-mêmes en Pains Bénis pour nourrir ceux qui sont affamés d'Amour, d'Amitié, de Fraternité et d'Harmonie, eux qui sont affamés de Dieu, et qui savoureront vos tranches de Pain épaissies du Miel de sa Parole, et qui seront rassasiés même avec vos miettes car chacune d'elles sera un Pain de Sagesse en soi.
Et on se précipitera dans votre alcôve intérieure pour consommer avec vous votre Pain d'Amour, croustillant de fraîcheur et doré comme un soleil, et les hommes comprendront que le temps, c'est l'Amour qui s'écoule, et que le temps perdu, c'est de l'Amour qui ne revient plus, et que le temps de faire de soi un Pain ne sera plus suffisant si l'on s'y prend trop tard.
Et ils comprendront enfin que la vraie liberté, c'est l'Amour réalisé, et que l'Homme n'est libéré que pour Aimer.
Et dans cette liberté de l'Amour accompli en soi, Dieu, que tous désirent, s'y fera Lui-même l'hôte intime pour y manger ce bon Pain d'âme qui deviendra en Dieu ce que Dieu est.

ACHEVEMENT

Le Pélican Blanc ramena ses ailes déployées sur son corps, et je sentis son Cœur sortir du mien et retourner à lui.
Une larme roula dans mes yeux, et c'était une larme de sang...

Et j'entendis au loin le tonnerre de nos Oracles conjugués résonner dans l'atmosphère de la terre, et je pleurai beaucoup de sang parce que je voyais que les hommes ne voulaient pas de l'Homme et ne désiraient plus Dieu.

Et le Pélican me parla en ces termes :
« Il suffit ! Ce qui est dit est dit, ce qui est fait est fait, et ce qui doit être sera.
Le dernier vient après l'avant-dernier et dans l'aujourd'hui il n'y a plus d'hier ni de demain.
Qui a vu *Solunastella* ne peut plus voir ce qui est en bas, et qui a entendu le Chant du Pélican ne peut plus entendre une autre voix.
Dieu est sans dieu, et en Dieu meurt son prophète... »

Je soupirai sans sanglot et je disparus dans le Son que j'étais devenu :
« Â... »

SALUT ET MISERICORDE DIVINE SUR TOUS LES ETRES.

ETAPES DU VOL DE L'AME

1re Etoile : Patience – Le but unique – Pureté d'intention – Renoncer
2e Etoile : Souffrance d'aimer – Septuple épreuve de purification
3e Etoile : Connaissance – Foi de Lumière – Amour de Sagesse – L'Amante devient Fiancée
4e Etoile : Communion – Les 3 Mystères – La Fiancée devient Epouse – Simple, Singulier, Présent
5e Etoile : Exultation – Rétribution – Contemplation – Mélodie de la louange
6e Etoile : Admiration – Emerveillement – Sanctification – Nouveau vêtement de l'âme
7e Etoile : Immolation – Les 4 sortes de grâces – Mort dans l'âme
8e Etoile : Vision clarifiée – Le signe du Ciel – Pur Amour
9e Etoile : Vivification – Moi ou Soi – Libéré pour Aimer
10e Etoile : Impulsion – Langage Sibyllin – Revenir
11e Etoile : Nuances- Ame de vent – Fleuve de Vie – Force de l'âme
12e Etoile : Harmonie – Vendange enivrante – L'âme prononce Dieu – Compassion universelle

ORACLES DU PELICAN

1er : L'Homme vrai et utile
2e : L'Homme beau et aimé
3e : L'Homme, Force d'Amour
4e : L'Homme, Dieu et la Vie
5e : L'Homme est Esprit
6e : L'Homme est Sagesse et Lumière
7e : L'Homme est conscient de Dieu
8e : L'Homme est le doigt de Dieu et serviteur
9e : L'Homme avertit et éclaire
10e : L'Homme, la Famille et le Travail
11e : L'Homme de Religion-Sagesse
12e : L'Homme humble

ORACLES DE L'AME

1er : Dieu est Parole – Ame-Oiseau
2e : Dieu est Père – Ame aimable
3e : Dieu est Bien-aimé – Ame-Fleur
4e : Dieu est Beauté – Forme première de l'âme
5e : Dieu est Vérité – Ame véridique
6e : Dieu est Législateur Suprême – Ame agent de Dieu
7e : Dieu est Bien Souverain – Ame au service du bien
8e : Dieu est Indulgent – Ame unie à son cœur
9e : Dieu est Roi – Ame soumise
10e : Dieu est Esprit de Vie – Ame parcelle nettoyée
11e : Dieu est Lumière – Ame-Torche
12e : Dieu est Amour – Ame-Pain

APRES-PROPOS

Au risque de peiner, je dois avouer ne pas « avoir l'oreille » pour entendre ce qui est écrit.
Cette écoute de l'inouï est pour moi inaudible, et cela arrive...

Dominique Collin
Ordre des Frères Prêcheurs
Philosophe et Théologien
Auteur de "L'Evangile Inouï" et de "Le Christianisme n'existe pas encore"

Table des matières

Printed by Books on Demand GmbH, Norderstedt / Germany